仕事と経営の極意

——パラダイム発想法

村上哲大

学文社

はじめに——序論を兼ねて

人生八〇年、企業寿命三〇年。この短い時間を、「我ながら充実していたなー」といえるよう日常生活や仕事において、すべての人が、個性的な花をせいいっぱい大きく、かつ色鮮やかに咲かせたいものである。

だが、バブルが弾けた前後から、おかしく実に怪奇な世の中になってきた。何が起こるかわからない不気味さと恐怖感が漂っている。何をやってもチグハグでうまくゆかない。常にいらだちと焦りを感じ不安な毎日である。もちろん、私生活も仕事もうまくゆかない。会社の業績も最悪だ。

学校は崩壊し、子どもたちは教室を駆け廻る。警察は悪の根源となり、企業犯罪は激増している。五月一日に発生した豊川市の主婦殺しの十七歳高校生は、その動機を、「人を殺してみたかったから」といい、反省の色もみせていないという。

要するに、何もかもが狂っている。狂気の世である。

仕事や経営に目を転じれば、物真似と結果タダどりで物造りに成功した過去の夢が忘れられず、何ひとつ頭の汗をかかないで、昔ながらのやり方で肉体の汗だけをふり絞っている。

結果は、大蔵省が絶対潰さないと公言した金融機関の倒産続出であり、その他一般企業の倒産は引きも切らない状況が続いている。

巷には失業者が溢れ、働く人たちの顔も暗い。中高年齢者を中心に自殺者も増加し、昨年は三万人を超えた。家庭は崩壊し、離婚率も上昇の一途を辿っている。

要は何もかもが、森羅万象が狂ってしまっているということなのである。

では、狂気のままで突っ走ればどうなるのか。〝日本総不幸社会〟が到来することは確実だ。これこそは、わが国有史以来の大問題なのである。

さて、問題には必ず原因がある。それこそは、史上稀にみる今日の混沌、混迷、狂気を正しく分析、理解し、問題を発見し、その解決策を創出する、発想法をもたなかったことである。すなわち、史上未曾有の混乱世界をよりよく、容易に切り取り、分類、整理、分析、解釈、認識、予測し、問題点を発見し、その解決策を創造するために必要な手法を欠いていたということである。

かくして、それら諸問題を解決するための手法、発想法として開発されたのが「パラダイム発想法」というわけである。

パラダイム発想法の本質は、太古から、万物流転、諸行無常などといわれてき、世の中、物事の〝変化性〟を活用しているところである。それら世の中の変化をつぶさにみていると、そこにはある種の法則ともいえるような一定のパターンをみることができる。その法則《パターン》とは、人びとが、なんらかの行動を起こすとき、彼らは「前提となり、拠《よりどころ》となる何か」に基づき、とらわれ、こだわって、いるという事実である。そのさい、意識しているか否かは問わない。むしろ、無意識の場合が多い。

それでは次に、その「前提や拠《よりどころ》となる何か」とはいかなるものか。それこそは、「ある時代において、「支配的、根元的な観方、考え方、認識の枠組み」である。

その「何か」は、ある程度の大きさとまとまり、さらには抽象性、支配力、根源性をもつことが必要である。厳密すぎてはいけない。適度の粗さが必要である。余り具体的かつ細かなものでは、世の中を動かす力にはなり得ないからである。要は、ある程度の数の人たちの行動力に影響を与える観方、考え方、認識の枠組みになれるものであればよいのである。

その「何か」には、二つの特性がある。一つはその変化性であり、もう一つはライフサイクル性である。簡単にいうと、変化性は旧から新へと変わることであり、ライフサイクル性はそれぞれの「何か」に、準備期、萌芽期、成長期、成熟期、低落期、衰退期、消失期といった、生誕から死滅までの段階があることをいう。

以上二つの特性を具《つぶさ》にフォローしてゆくことによって、世界（森羅万象）の現実が認識され、未来が予測でき、問題点が発掘され、解決策のアイデアを得ることができるのである。

その「何か」をパラダイムと名付けたのである。名称はつけなくとも、その本質に変わりはないが、論述や説明の便宜さを考えて、現在かなりポピュラーになってきた、パラダイムという言葉を借用させていただいたのである。

最後は、パラダイム発想法の活用法である。パラダイムは森羅万象に在り、その数は余りにも膨大である。そこで本書では特に経営と仕事に重点をおいている。トップから末端までの全員に、現状認識や未来予測、問題点の発掘や解決策の立案にご活用いただきたい。

もちろん、パラダイム発想法自体の考えは、ビジネス以外の森羅万象に活用できるのはいうまでもない。

村上哲大

二〇〇〇年八月

目次

第一章　パラダイム発想法の本質――理論編

人が具体的な場において、何かを観《み》、何かを想い、何かを行おうとするとき、彼はなにものにもとらわれないまったくの純白な心をもってそれをなすことができるだろうか。人は何かにこだわり、何かにとらわれ、なんらかの枠組みや前提のごときものにとらわれているのだ。

われわれはまず、その〝何か〟について徹底的に究明するところから始めなければならない。

一　パラダイムとは何か

1　パラダイムの意味

パラダイム発想法の核《コア》を成すのが、パラダイムという言葉である。まずは、パラダイムという言葉についての、由来と意味を一瞥しておきたい。

(1)　言葉の由来

パラダイムという言葉は、今日盛んに使われているが、そのきっかけをつくったのは、米国の科学史家トマス・S・クーンである。それは彼が一九六二年に初版を出した『科学革命の構造』の中で使用したことに始まる。

その中の定義によると、「パラダイムとは、一般に認められた科学的業績で、一時期の間、専門家に対して問い方や答え方のモデルを与えるもの」となっている。

その後、パラダイムという新しい概念は、激しい攻撃に晒され、遂にクーンみずからが撤回するに至った。にもかかわらず彼から遠く離れたところで、使い続けられ、拡張解釈され、あるいは俗用・誤用されながら、学術論文のみならず一般ジャーナリズムにおいても広く使用され続けている。そして今日では、その使用者は、科学史家ばかりでなく、哲学者、自然科学者、社会科学者、人文科学者、さらには経営者、コンサルタント、一般知識人など広い範囲に及んでいる。

(2)引用のされ方

それでは次にパラダイムという概念の引用のされ方についても概観しておきたい。

第一期では主として科学史家や科学哲学者の間で引用され、その内容も主にパラダイム概念の吟味、検討やその適用の可否についての論議であった。

第二期では社会科学者や自然科学者その他にも拡がり、その内容も主としてみずからの学問、ディシプリンに適用して学問論、学問の問い直しを論ずる道具として使用する者が多くなっている。

さらに今日では、科学論に共通の符牒として装飾的にレトリックとして使用されるようになっている。これら引用の仕方をあえて分類してみると以下の三つになる。

第一は、クーンの科学理論興亡の図式である、「通常科学→変則事例→危機→革命→新《ニュー》パラダイム」をほぼそのままに捉えている場合である。

第二は、学問論を展開するための道具《ツール》として捉えている場合である。

最後は、流行語をレトリックとして装飾的に使う場合である。以下はインターネットでパラダイムをキーワードとして、著書を調べたものの中から書名の一部をご紹介したものである。パラダイムという言葉がいかに多様な使われ方をしているか、がおわかりいただけると思う。

パラダイムがついた書名の一部

●社会福祉21世紀のパラダイム ●変革型リーダーのパラダイム ●サイバースペース時代の経営パラダイム ●生活・家政系の学の原理パラダイム ●経済学のパラダイム・チェインジ ●生命論パラダイムの時代 ●法的思考のパラダイム ●技術パラダイムの経済学 ●パラダイムの迷宮 ●学校のパラダイム転換 ●教育のパラダイム転換 ●現代住居のパラダイム ●情報処理パラダイム論序説 ●農政の総括とパラダイム転換 ●刑事政策のパラダイム転換 ●政治思想のパラダイム ●多国籍企業パラダイム ●21世紀の都市と計画パラダイム ●宗教と科学のネオパラダイム ●放送制度論のパラダイム ●エコパラダイムの時代 ●田園地域のパラダイム ●組織理論のパラダイム革命 ●認知科学とパラダイム論 ●四元的価値のパラダイム……等々

(3) 代表的な定義

以上にはパラダイムという言葉のルーツをごくごく簡単に辿ってきたが、次には、これまでの代表的な定義についてもみておきたい。

第一は、『広辞苑』における定義である。そこには、「一時代の支配的な物の見方。特に、科学上の問題を取り扱う前提となるべき、時代に共通の体系的な想定。天動説や地動説の類。」とある。まるで時代精神や世界観のごとくに解されている。

第二は、『大辞泉』である。そこには、「ある時代に支配的な物の考え方・認識の枠組み。規範。」とあり、広辞苑に近い。

第三は、アダム・スミスの定義である。彼によると、パラダイムとは、「共有された一連の仮説である。パラダイムは、われわれが世界を認識する方法であり、魚にとっての水のようなものである。パラダイムは世界を説明し、世界の動きを予測する一助になる」（『理性の力』）。スミスは、結論として、「あるパラダイムの中にいるとき、そのほかのパラダイムは想像することさえむずかしい」と述べている。

第四は、『ニュー・センス・ブルティン』の編集者兼発行人であるマリリン・ファーガソンの定義である。彼女によれば、パラダイムとは、「思考の枠組みであり……現実のいくつかの面を理解し説明する体系である」という。

第五は、ジョエル・バーカーの定義である。彼によると、パラダイムとは、「ルールと規範であり（成文化されている必要はない）、①境界を明確にし、②成功するために、境界内でどう行動すればよいかを教えてくれるものである」（『パラダイムの魔力』）。彼によれば、テニスも仕事の専門分野もパラダイムであり、芸術家もパラダイムをもっている。

以下は、彼がパラダイムの内容と考えるものであり、変えやすいものから変えにくいものへと配列されている。しかし、ここまで広げると、人々の認識や行動に影響を与えるもののほとんどが含まれることになる。

ジョエル・バーカーのパラダイム

理論　モデル　方法論　原則　基準　プロトコル　日課　手順　前提　慣行　パターン
習慣　常識　通念　思考様式　価値観　評価基準　伝統　しきたり　偏見　イデオロギー
タブー　迷信　儀式　社会的強制　悪癖　教義

いずれにせよ、彼の定義は、その幅の広さと俗用の両面において、その極をなすといえよう。クーンのオリジナルな定義に比べるとその差は明らかである。

第六は、浅井隆の定義である。彼によると、パラダイムとは、「その国家・社会・経済がその根底に抱えているもっとも基本的な〈考え方〉、〈やり方〉といってよい。その経済システムのもつ〈体験〉といってよいかもしれない」（『パラダイム大転換』）。

彼によると、パラダイムとは、「理念」とか「考え方」あるいは「規範」のようなものであり、人が行動するとき、その依り所となるもの、であるという。それはいわば、われわれ自身の「インフラ」なのだともいう。ソフト的な人びとの基本となる考え方、やり方、生活様式、そういった根本的なもののことであり、われわれはかかるインフラをもたなければ、考えることも行動することもできないのである。

以上のほかにも、本質を鋭く突く定義を三つあげておく。

①パラダイムとは、「統一された信念体系であり、統合された共同体において共有されたものである」。

②広義のパラダイムとは、「それを通してわれわれがあらゆるものをみるレンズである」。

③パラダイムとは、「知識や信念の基本的なパターンである」。

以上の1、2、3では、大急ぎではあったが、パラダイムという言葉について概観した。それらは次項に述べる本書の定義への助走効果を狙ったものである。

(4) パラダイムの定義

以下が、本書の定義である。

パラダイムとは、「物事（心・巧・形）についての、ある時代（期間）における支配的、根源的な観方、考え方、認識の**枠組み及びその表現**であり、パラダイムを認識する対象には、思想や学説（心）、方法や技術（巧）、物や動き（形）などがある」。

以下、要点を解説する。

第一は、空間的な拡がりとその範囲に関することである。パラダイムが生まれ、成立し、存在できる世界、領域は、理論的には森羅万象すなわち、心・巧・形のすべてである。

第二は、時間に関することであるが、パラダイムは生まれて死ぬまでのライフサイクルをもつことが大きな特徴であり、いつの、どの期間のパラダイムなのかが常に問われることになる。時がつながっているからこそ、改善や革新が可能になるからである。

第三は、パラダイムの要件であるが、ここには、大きな二つの特徴がある。

一つは、支配的といった要件であり、それには同調者や同意者の数、内容の正しさや規範性などから大勢としてはその方向にまとまり、主流となってゆくといった意味と期待が込められている。

二つは、根源的な、という要件である。これにも重要な意味がある。この要件をはずし無条件にパラダイムを認めるとしたら、どうなるか。すべてに有るは、すべてに無しに通じるのだ。すべてに有れば、**特質**でも**特徴**でもなく、他との区別もできないことから、活用も不可なのである。

そこでおのおのの特徴が現われ、他との区別もでき、活用しやすいものたらしめるため、些事《さじ》や余りにも移ろいやすい枝葉末節、手先だけのアクションなどを除き、より根源的、基本的なものに限定したのである。ここでいう根源的という言葉には、捉える対象のサイズの大小や階層の上下、目的手段や抽象と具象、完成品と部品、等々から判断してゆくのである。しかし、余り窮屈に考える必要もない。活用目的からみて効果的なサイズやまとまりを決めればよい。

第四は、パラダイムの内容そのものである。パラダイムとは、結局、支配的、根源的といった条件付きの〝観方、考え方、認識〟の枠組みであり、その中心は、「枠組みとその表現」にある。

人が何かを観、何かを考え、何かを認識しようとするとき、われわれは赤子のごとき純白無垢《むく》の心でそれらを行うことはない。われわれの成育過程において意識的あるいは無意識的に形成されてきた〝観方の枠組み〟で観、〝考え方の枠組み〟で考え、〝認識の仕方の枠組み〟で認識しているのだ。

そこでわれわれは、それらに〝パラダイム〟という名称を与え、人びとの目をひき付け、そのパラダイムを核とし、基軸となし、それを中心にして斬新な発想を得ようと考えたのである。

さて、パラダイムは以上の三つの心にとどまらない。それら三つの心の結果もパラダイムと考えたのである。要は製品や芸術作品など形をなしているものも、ひとえに、観方や考え方など心の表現だからである。これにより、パラダイムの幅が大きく拡大することになる。

第五は、パラダイムが認識できる領域についてであるが、それは言い換えれば、観《み》、考え、認識する対象となり得るものすべてである。それを大別すれば、心の領域、巧（技術）の領域、形の領域の三つになる。

第六は、具体的なパラダイムについての知り方であるが、次に手順を述べる。まずは知りたい領域を決める。たとえば政治領域なのか、経営領域なのか、などである。次はそれらの領域をさらに細分化する。経営であれば、人事なのか、営業なのか、といった分野である。対象によっては細分化はさらに進み、各自が欲するサイズのパラダイムに行きつくのである。

いずれにせよ、パラダイムは個人が〝支配的・根源的なパラダイム〟を知るのであり、個人の能力によって多大の差が生じるものである。

第七は、パラダイムとして認識する場合の大小《サイズ》と質量についてである。まずはサイズについてであるが、結論的にいえば、人びとが観ようとし、考えようとし、認識しようとする対象のサイズに応じて存在する、といえる。

宇宙も地球も、われわれの世界も社会も、それらすべては秩序化《コスモス》され、それなりの構造と体系をもっている。また、そうでなければ、それぞれの世界をより早く、より正確に、より容易に認識することは不可能なのである。

秩序化、構造化、体系化の方法には多々あるが、それらの多くは、ピラミッドのごとき姿に階層化され、われわれはそれら階層のすべてに対してパラダイムをもつことができるのである。階層化、体系化の一例が「目的手段」である。

しかし、余りにも微細なレベルにまでパラダイムを認めるとかえって、物事を煩雑にしてしまうことから、支配的、根源的という要件を付加したのである。

次はパラダイムの質量についてであるが、まずは質から述べたい。それではパラダイムについての質とは何か。パラダイムの質とは、「対象に対する観方、考え方、認識の枠組みがどれほど正確かつタイミングよくできているか、という出来栄えについての程度《レベル》」である。経営も仕事も私生活もそれらのすべては、いかに高質のパラダイムを知覚するか、で決まってくるのである。

次は量であるが、一般的にいえば可能な限り多領域に多くのパラダイムをもつことが望ましい。沢山もてばもつほど、それがアンテナの役割を果たし、多くの情報や発想を得ることができるからである。

第八は、パラダイムの善悪に関することである。一般的にいうと、パラダイムというものは、その時代、その集団、その地域……等々の中にあって、〝正しいもの、善いもの〟としてつくられたものを基本とする。しかし、時や場所などの諸前提が変わればとたんに〝悪〟の権化と化すことすらある。革命がその例である。

パラダイムの善悪をいかに考え、それらをいかに戦略化してゆくか、そこには経営や仕事を卓越させるための限りなき英知がある。要は、タイミングのつかみ方の問題なのである。

(5) パラダイムの領域と存在形式

パラダイムにはそれが成立し、認識される領域というものがある。次表に例示する。

領域

思想　科学　空間　時間　政治　経済　社会　経営　宗教　芸術……等々である

これらは大分類といわれるサイズであり、この大きさでは、具体的なパラダイムはみえてこない。

そこで、これらの領域についても、いかなるレベルまでブレークダウンするか、といった問題と分類・整理の切り口といった課題がつきまとう。漏《も》れず、わかりやすく、をモットーにする心がけが大切である。

次は、パラダイムの存在形式であるが、これは、観方、考え方、認識の枠組みあるいはその表現といったパラダイムは、どのようなものに、いかなる形で表現され、存在しているのか、といった存在形態の問題である。

以下には、パラダイムが宿る、存在する、存在できる、形式・容れ物について例示する。忘れてならないことは、それら形式そのものが即《そく》パラダイムなのではないということである。パラダイムはそれら形式の中身、内容などによって決められるものなのである。それらは存在形式であると共に、切り軸や枠組み、でもあるのだ。

パラダイムの存在形式
——切り軸、枠組み

世界観　歴史観　価値観　人間観　自然観　政治観　経済観　社会観　職業観　経営観　男性観　女性観　老人観　若者観　子供観　環境観　時代精神　エピステーメ　条理　道徳
倫理　理念　通念　理想　希望　期待　ビジョン　理論　学説　知識　仮説　法則　公式
原理　原則　基準　標準　規格　法律　規則　規程　各種ルール　規範　範例　手本　見本
モデル　パターン　様式　スタイル　流行《ファッション》　制度　慣行　習慣　しきたり　文化　伝統　風習　機能　目的手段　目標　マニュアル　手順書　役割・使命　イデオロギー　プロトコル
教養　迷信　偏見　技術　技法　方法　ノウハウ　技芸　技　型　マナー・エチケット　儀式　その他結果としての製品など形あるもの

以上の存在形式につき要点を解説する。

先にもふれたように、これらはパラダイムが存在するかも知れない形式あるいは容器《いれもの》のごときものなのであり、けっしてパラダイムそのものではない。実際にパラダイムとなれるのは、形としての抽象的な形式に具体的な内容が盛り込まれ、それがパラダイムの条件を満たしている場合だけである。具体的にいえば、分類・整理基準としての存在形式が決まれば次には具体的な固有名称づきの事例を組板《まないた》に乗せ、それがどの時代の支配的、根源的な観方、考え方、認識の枠組みであるかを評価・判断して決めてゆくのである。

たとえば、ストックオプションという言葉をよく耳にするが、それをパラダイム的に考えると、まずその領域は経営であり、その中で細分化すると、モチベーションとなる。次は存在形式をみると、方法・手法という形式であり、ここで、具体的なパラダイム評価を行う。

ストックオプションの歴史、現状、目的、影響、未来、課題、成功条件……等々を調べ、ライフサイクル上に位置づけてみて、パラダイムとなれるや否やを判定する。結論的にいえば、ストックオプションはライフサイクルの成長期に位置するニューパラダイムなのである。

それが決まれば次は、ストックオプション制度を使った、意欲管理をいかに進めてゆくかを考えてゆくのである。

もう一つ、労働基準法改正についての例をあげる。その領域は政治・行政であり、存在形式は法律になりその中のジャンルは、労働関係となる。法律に関してのパラダイム判定については、このように考えたい。すなわち、法律が成立するには国会の議決が必要であることから、〝支配的〟という要件は充《クリア》していると考えることができ、また法律という影響力の大きさから〝根源的〟という要件も充《クリア》しているとみることができる。また、観方や考え方についても、法律そのものが、観方、考え方を形にしたものであることから、法律の固有名称と内容が明確であれば、比較的容易にパラダイムを認めることができる。

以上には、パラダイム判定に当って、かなりの評価・判断を要する例と比較的容易に認められる例の二つをあげたが、存在形式として示したものも大別するとやはり、例示した二タイプへの分別が妥当である。

存在形式として示したものの中には、長い間、広い範囲に亘って活用され、重宝《ちょうほう》されてきた理論（心）や手法（巧）、さらには製品（形）などがある。それらに属する個々のアイテムについては総じてそれらのほとんどがパラダイムとして認められるはずである。

たとえば文化や制度については、個々の内容による違いはあるにしてもその多くは、長い期間に亘って広く関係者に受け継がれているものも多い。それらの多くはパラダイムと考えてもよいのである。

(6)　パラダイムの明示度・抽象性

これはパラダイムがどれほど明確にみえているか、という問題である。おおまかにいって、その明瞭性や明白性、客観性や具体性などについては、「十分にあり」とはいえない場合がある。それらのなかには、かなりの割合で、抽象的、概念的、感性的、空気的、風土的、状況的、文化的など目に定《さだ》かでないものが存在しているからだ。勿論、パラダイムには、形の明白なモノも含むが、全体からみればそれほど多いとはいえない。

もっとも曖昧なパラダイムでは、たとえば、〝空気のようなもの〟さえ存在するのである。会議などその場の空気でまったく予想さえしなかった方向に流れてゆくことがあるのだ。そこにもなんらかのパラダイムが存在したはずである。

明示度といった観点からみると、暗黙知や阿吽《あうん》の呼吸、以心伝心といったパラダイムもあるのだ。以上のように捉えにくいからこそ、パラダイム発想が必要なのであり、また、ライフサイクル的なフォローを必要とするのである。

(7)　パラダイムの分類・構造・体系

①　分類と構造

パラダイムは、森羅万象に存在し得る。したがってその種類や数は余りにも多く、到底そのすべてを語り尽すことは不可能である。しかし、ある程度、まとめることはできる。図表1－1は、よりよい仕事、よりよい経営、よりよい人生に役立つといった切り口で分類し、体系化したものである。

種類については、大きさ《サイズ》をそろえる努力はしたものの、なおかなりのバラツキがみられる。

さて、問題なのは、それらパラダイムが構造的に存在しているという事実である。それぞれのパラダイムが、上下左右そして斜めなど多くのパラダイムとの相互関係をもっているのだ。相互依存関係や目的手段関係をもって構造的に存在しているのである。

パラダイムを活用するときには、構造的に理解するとわかりやすい。その構造は当然に、個人毎に認識されるものであり、それゆえに、個人をよりよく知るためには、その個人のより根源的なパラダイムを知ることが効果的である。たとえば、人生観や価値観、職業観や人間観のパラダイムがわかれば、その人の日々刻々の行動をおおよそ推量することが可能になるというわけである。

それでは、パラダイムを構造化、体系化するには、いかなる手法があるのか。以下に切り口だけを述べておく。

一つは、領域別である。人が生きてゆく過程で出くわす全ての領域・分野を網羅する方法である。たとえば、政治、経済、仕事（ビジネス）、学問、社会、生活、家族、趣味、思想、観方、遊び、健康……等々である。

二つは、存在形態別であり、パラダイムが存在している、あるいは存在するはずである存在の形である。たとえば、心、巧、形の三つに分けることもできる。

三つは、目的手段体系であり、目的手段体系そのものが立派なパラダイムである。ここにおいて、目的発想法とパラダイム発想法は一体となるのである。

最後は、大・中・小のサイズで分ける方法である。それは数、面積、容積なんでもよい。

重要なことは、われわれが対象とする個人や組織などをよりよく知るためには、彼らのパラダイムを構造的、体系的に知ることである。

彼にとって、今、もっとも有力なパラダイムは何か、などを考え、構造化してゆくのだ。社会での出来事はすべて個人が行う。企業や団体が行うのではない。したがって、個人のパラダイムを知ることが重要になってくるわけだ。

そのさいに重要なことは、社是、社風、企業文化、慣行……等々個人を超えるパラダイムが個人に与える影響の大きさである。さらには企業を超える社会や経済など、より大きなパラダイムがある。個人はそれらの自分を超える数多くのパラダイムに影響されて、自分なりのパラダイムを形成してゆくのである。

要は、個々人が彼らなりのパラダイムを形成してゆく過程を構造的に知ることが重要なのである。

②　体系——パラダイムリストの提示

パラダイムをわかりやすさを中心に体系化した例を示してみよう。

まずは、領域（大分類）である。端的にいえば、世界をもれなく大きく分けることである。たとえば、図表1—1に示すような、思想・科学、政治、経済、社会、経営などである。この領域別の大きさでもパラダイムは存在する。たとえば政治では民主主義、社会主義、共産主義などである。

次は、中分類である。これは先の大分類では大きすぎて身近に感じられないなどから、より具体化、細分化するものである。たとえば、経営でいえば、経営全般、経営者、リーダーシップ、権力の源泉、意思決定、責任、組織価値、経営資源、革新・合理化手法……等々である。

最後は、必要に応じて、中分類をさらに細分化、具体化する段階である。しかし、図表1—1には、中分類まで止《と》め小分類までは細分化していない。

図表1－1　パラダイムリスト

大分類(領域)	中分類(パラダイム項目)	新《ニュー》パラダイム—内容	旧パラダイム—内容	ライフサイクル上の位置	
				新	旧
思想・科学	科学方法論	1．生命論パラダイムへ	1．機械論パラダイムから	萌芽期	成熟期
		①全包括手法	①要素還元手法	〃	〃
		②生命的世界観	②機械的世界観	〃	〃
		③動的なプロセス	③静的な構造	〃	〃
		④自己組織化	④設計・制御	〃	〃
		⑤不連続の進化	⑤連続的な進化	〃	〃
		⑥エコロジカルな視点	⑥フォーカスの視点	〃	〃
		⑦自己を含む世界	⑦他者としての世界	〃	〃
		⑧世界との共進化	⑧制約条件としての世界	〃	〃
		⑨意味・価値による評価	⑨性能・効率による評価	〃	〃
		⑩非言語による知の伝達	⑩言語による知の伝達	〃	〃
		⑪カオス理論	⑪決定論	〃	〃
		⑫相補性	⑫完全性	〃	〃
		⑬限定合理性	⑬完全合理性	〃	〃
		⑭確率	⑭確定	〃	〃
		⑮相互の関係性	⑮基本的構成要素	〃	〃
		⑯相互作用	⑯根源粒子探し	〃	〃
		⑰東洋的神秘主義	⑰西洋的科学万能主義	〃	〃

パラダイムリスト

大分類(領域)	中分類(パラダイム項目)	新《ニュー》パラダイム—内容	旧パラダイム—内容	ライフサイクル上の位置 新	旧
思想・科学	科学方法論	⑱感性的＝芸術家的	⑱合理的＝科学者的	萌芽期	成熟期
		⑲汎心論的意識	⑲理性中心人間の意識	〃	〃
		⑳演繹、共生的《シンクロニシティ》原理	⑳帰納、因果的原理	〃	〃
		㉑目的手段因果	㉑自然的因果	〃	〃
		㉒全体的、統合的	㉒局部的、分析的	〃	〃
		㉓面	㉓点	〃	〃
		㉔プロセス	㉔構造	〃	〃
		㉕人間	㉕機械	〃	〃
		㉖見えない世界	㉖見える世界	〃	〃
		㉗非連続性	㉗連続性	〃	〃
	世界観	2．複雑系	2．単純系	萌芽期	成熟期
		①非線形	①線形	〃	〃
		②自己組織化	②強制組織化(外圧)	〃	〃
		③予測不可能性	③予測可能性	〃	〃
		④非平衡・開放	④平衡・閉鎖	〃	〃
		⑤収穫逓増	⑤収穫逓減	〃	〃
		⑥自己相似性(フラクタル)	⑥個別性	〃	〃
		⑦混沌(カオス)	⑦秩序(コスモス)	〃	〃
		⑧ゆらぎ(相転移)	⑧固定	〃	〃
		⑨個人の共鳴力	⑨組織の統合力	〃	〃
		⑩超進化	⑩進化	〃	〃
		⑪共進化	⑪孤立化	〃	〃

パラダイムリスト

大分類(領域)	中分類(パラダイム項目)	新《ニュー》パラダイム—内容	旧パラダイム—内容	ライフサイクル上の位置	
				新	旧
思想・科学	世界観	⑫情報共鳴場	⑫情報共有	萌芽期	成熟期
		⑬全体性	⑬部分性	〃	〃
		3.小さな地球(グローバリゼーション)	3.大きな地球(ローカリゼーション)	成長期	成熟期
	自然観	4.環境保護	4.環境破壊	成長期	成熟期
	人間観	5.理性と感性を併せもつトータルとしての人間	5.理性的人間	萌芽期	成熟期
	イデオロギー	6.冷戦構造の終結	6.冷戦構造の存在	成熟期	衰退期
		7.知本主義	7.資本主義	萌芽期	成熟期
	発想法	8.21世紀の5大発想法	8.BS法、NM法など	萌芽期	成熟期
		①目的発想法		〃	
		②パラダイム発想法		〃	
		③心形発想法		〃	
		④資源発想法		〃	
		⑤修飾発想法		〃	
空間	可視性	9.見えざる世界	9.見える世界	成長期	成熟期
		①レール、ルールなし	①レール、ルール整備	〃	〃
		②ブラックボックスの拡大	②プロセスが見える	成熟期	低落期
		③暗在性	③明在性	〃	〃
		④4次元以降(高次元)	④3次元(低次元)	萌芽期	成熟期
		⑤波動性	⑤粒子性	成長期	成熟期

パラダイムリスト

大分類（領域）	中分類（パラダイム項目）	新《ニュー》パラダイム—内容	旧パラダイム—内容	ライフサイクル上の位置	
				新	旧
空間	可視性	⑥相互的因果関係	⑥線形的因果関係	成長期	成熟期
		⑦不透明	⑦透明	成熟期	低落期
		⑧正解なし	⑧正解あり	〃	〃
	世界（地球）	10. グローバリゼーション	10. ローカリゼーション	成熟期	低落期
		11. ボーダーレス	11. ボーダーあり	〃	〃
		12. 地球村—世界単一市場	12. 巨大な地球—多様な市場	〃	〃
		13. 世界大競争《メガコンペティション》	13. 部分的、地域間競争	〃	〃
		①途上国の逐次的追い上げ	①先進国の独壇場	〃	〃
		②貿易摩擦の外圧と円高	②輸出拡大と円安	〃	〃
		③日本パッシング	③日本バッシング	〃	〃
		④競争力低下	④競争力トップレベル	〃	〃
時間	長短	14. 時間最適	14. 目先のハエ、短期、利那	萌芽期	成熟期
	スピード	15. 超ハイスピード	15. 比較的ゆったり	成熟期	低落期
		16. 時刻—オンライン、リアルタイム	16. 時間—バッチ	〃	〃
政治	安定性	17. 政治の不安定	17. 政治の安定	成長期	低落期
		18. 政党の離合集散	18. 2大政党中心	〃	〃
	財政	19. 未曾有の財政危機	19. 比較的健全	成熟期	低落期
		20. 借金王国（国債など）	20. 徐々に増発	〃	〃

パラダイムリスト

大分類（領域）	中分類（パラダイム項目）	新《ニュー》パラダイム—内容	旧パラダイム—内容	ライフサイクル上の位置 新	旧
政治	改革	21. 行財政改革	21. 野放し	成長期	成熟期
		22. 地方分権化の推進	22. 中央集権	萌芽期	〃
		23. PFIの導入		〃	
		24. 規制緩和	24. 規制強化	成長期	〃
		①競争政策等関係		〃	〃
		②住宅、土地、公共工事関係		〃	〃
		③情報、通信関係		〃	〃
		④流通関係		〃	〃
		⑤運輸関係		〃	〃
		⑥基準、規格、認証、輸入関係		〃	〃
		⑦金融、証券、保険関係		〃	〃
		⑧エネルギー関係		〃	〃
		⑨雇用・労働関係		〃	〃
		⑩危険物、防災、保安関係		〃	〃
		⑪教育関係		〃	〃
		⑫医療・福祉関係		〃	〃
		⑬法務関係		〃	〃
		⑭その他		〃	〃
	政治家・官僚	25. 堕落		成熟期	
経済	成長性	26. 低成長	26. 高成長	成熟期	衰退期

パラダイムリスト

大分類（領域）	中分類（パラダイム項目）	新《ニュー》パラダイム—内容	旧パラダイム—内容	ライフサイクル上の位置 新	ライフサイクル上の位置 旧
経済	成長性	27. 成熟	27. 未成熟	成熟期	衰退期
		28. バブル崩壊	28. バブル経済	〃	〃
		29. デフレ	29. インフレ	萌芽期	衰退期
	市場	30. 商品はソフト、サービス中心	30. 商品はハード中心	萌芽期	低落期
		31. ゼロサム	31. パイ有り	〃	〃
		32. 市場原理、市場経済	32. 保護、日本型社会主義経済	〃	〃
		33. 世界大競争《メガコンペティション》	33. 国家間競争	成熟期	〃
社会	価値	34. ココロ ・真善美　・本質　・質 ・興味　・関心　・人間味 ・個性　・独創性 ・創造性　・感動 ・愛　・その他	34. モノ ・所有欲　・物質至上主義　・皮相　・建前 ・人並み　・横並び ・画一　・形式　・量 ・その他	成熟期	低落期
		35. 価値観の多様化	35. 価値観の共通性と画一性	〃	〃
		36. 目標の喪失	36. 明確な目標（モノ獲得など）	〃	〃
		37. 刹那の享楽	37. 多少の計画性有り	〃	〃
	欲求	38. 自己実現欲求など高次欲求	38. 所有欲求など低次欲求	成長期	成熟期
		39. 皆無主義（総無主義）	39. 物欲など強力	成熟期	低落期

パラダイムリスト

大分類(領域)	中分類(パラダイム項目)	新《ニュー》パラダイム—内容	旧パラダイム—内容	ライフサイクル上の位置	
				新	旧
社会	欲求	40. 飽食の時代	40. 追いつけ、追いこせの時代	成熟期	低落期
	秩序	41. 超流動—激変·激動	41. 比較的ゆるやかな流動	成長期	低落期
		42. カオス(混沌)	42. コスモス(秩序)	〃	〃
		43. 創造的破壊	43. 保守、維持	〃	〃
		44. エントロピー減少の法則	44. エントロピー増大の法則	〃	〃
	責任	45. 自己責任	45. 集団責任、護送船団	萌芽期	成熟期
		46. 現状—無責任天国	46. 責任感有り	成熟期	衰退期
	人口	47. 少死少産	47. 中産中死	成熟期	衰退期
		48. 高齢化社会	48. ピラミッド型社会	〃	〃
		49. 高学歴社会	49. 中学歴社会	〃	〃
		50. 女性の社会進出	50. 専業主婦	〃	〃
		51. 晩婚、高離婚率社会	51. 中婚、中離婚率社会	〃	〃
	家庭・家族	52. 年金、介護など老後不安	52. 老後不安少	成熟期	衰退期
		53. ミニ家族化	53. 徐々にミニ家族化	〃	〃
		54. 長男、長女社会	54. 次男、次女社会	〃	〃
		55. 家庭機能の崩壊	55. 家庭機能健在	〃	〃
	資産	56. 時価評価	56. 取得原価	成長期	成熟期
		57. 土地価格安定	57. 土地価格上昇	成熟期	衰退期
		58. 低金利	58. 高金利	〃	〃
		59. 資産保全の不安	59. 資産保全の安心	〃	〃

パラダイムリスト

大分類(領域)	中分類(パラダイム項目)	新《ニュー》パラダイム—内容	旧パラダイム—内容	ライフサイクル上の位置	
				新	旧
社会	資産	60. 利用の時代	60. 所有の時代	成熟期	衰退期
	コミュニケーション	61. インターネットの普及		成長期	
		62. 携帯電話		〃	
		63. クライアントサーバー・システム		〃	
	仕事	64. 高失業率	64. 低失業率	成熟期	衰退期
		65. 知的、間接業務中心	65. 肉体的、直接業務中心	〃	〃
		66. 選職社会		萌芽期	
	教育	67. 学校崩壊(幼稚園から大学院まで)		成熟期	
		68. 創造能力開発	68. 記憶、詰め込み、画一教育	成長期	成熟期
		69. 意欲、学力低下		成熟期	
経営	経営全般	70. 地球規模での真の能力を競う時代	70. 局部的で肉体の汗を中心とした低次元での競争時代	萌芽期	成熟期
		71. 価値創造(対顧客など)	71. 模倣、結果タダ取り、横並び	〃	〃
		72. 全体のレベルアップ—高質経営	72. 全体の低レベル	〃	〃
		73. 経営理念、哲学、使命感に基づく経営	73. 物真似、成り行き経営	〃	〃

パラダイムリスト

大分類(領域)	中分類(パラダイム項目)	新《ニュー》パラダイム―内容	旧パラダイム―内容	ライフサイクル上の位置	
				新	旧
経営	経営全般	74.自己革新(イノベーション)	74.外圧による改善	萌芽期	成熟期
		75.最適経営―世界最適、時間最適、水準最適(質)	75.成り行き、利那経営	〃	〃
		76.株主重視経営	76.会社と従業員中心の経営	〃	〃
		77.戦略的経営	77.戦術的経営	〃	〃
		78.企業集団、系列の崩壊	78.企業集団、系列の結束	〃	〃
		79.M&Aなどによる企業再構築	79.温存、継続	〃	〃
		80.持ち株会社などによるグループ経営の効率化	80.義理人情によるもたれあい経営	〃	〃
		81.コアコンピタンス経営	81.総花的、ダボハゼ経営	〃	〃
		82.ナレッジマネジメント	82.パースピレーションマネジメント	〃	〃
		83.スピード経営	83.ゆっくり経営	〃	〃
		84.ブランドマネジメント	84.個別バラバラブランド	〃	〃
		85.国際標準経営	85.国内標準経営	〃	〃
		86.人本主義経営	86.資本主義経営	〃	〃

パラダイムリスト

大分類（領域）	中分類（パラダイム項目）	新《ニュー》パラダイム―内容	旧パラダイム―内容	ライフサイクル上の位置 新	ライフサイクル上の位置 旧
経営	経営全般	87. 創業、起業重視経営	87. 維持、拡大、伝統重視	萌芽期	成熟期
		88. こまわり経営	88. 規模の利益	〃	〃
		89. 会社寿命の短縮化	89. 会社寿命の比較的長期化	〃	〃
		90. 危険《リスク》と機会《チャンス》が共存する経営環境	90. 比較的安定した環境	〃	〃
	経営者・リーダーシップ	91. 執行役員制	91. 全員商法上の取締役	萌芽期	成熟期
		92. 社外取締役	92. 社内取締役	〃	〃
		93. 専門経営者	93. トコロテン経営者	〃	〃
		94. 革新型、創業型経営者	94. 管理型経営者	〃	〃
		95. 変革型リーダーシップ	95. 伝道師型リーダーシップ	〃	〃
		96. 納得と指導	96. 権力と放任	〃	〃
	権力の源泉	97. 見識・ネットワーク	97. 地位（ポスト）	萌芽期	成熟期
	意思決定	98. トップダウン―トップ主導型	98. ボトムアップ型	萌芽期	成熟期
		99. コミティ・コンセンサス	99. 集団的意思決定	〃	〃
		100. 状況的、機能的決定	100. 決定の為の決定、為にする決定	〃	〃
		101. フィールドと個人決定の重視	101. 集団的、組織的決定の重視	〃	〃
		102. 各社自前の決定	102. 横並び、追従、流行	〃	〃

パラダイムリスト

大分類(領域)	中分類(パラダイム項目)	新《ニュー》パラダイム—内容	旧パラダイム—内容	ライフサイクル上の位置	
				新	旧
経営	意思決定	103. スピード決定	103. ゆっくり決定	萌芽期	成熟期
	責任	104. アカウンタビリティ(説明責任)	104. レスポンシビリティ(自己責任)	萌芽期	成熟期
	組織価値	105. 変化と混沌(カオス)が常態	105. 安定と秩序(コスモス)が常識	萌芽期	成熟期
		106. 独創、創造	106. 物真似、模倣、結果タダ取り	〃	〃
		107. 全てにおいての他との違い—個性、差別化、異質等	107. 同質、平等、無個性、横並び	〃	〃
		108. 自己革新	108. 改善	〃	〃
		109. 自律、自発、自主、主体性、能動	109. 他律、受身	〃	〃
		110. 頭脳の汗、知の活用	110. 肉体の汗、気の酷使	〃	〃
		111. 目的、手段、ホワットの創造	111. アクション行動	〃	〃
		112. 個人能力の完全実現	112. 組織能力の発揮	〃	〃
		113. ゆとりと人間性の論理	113. 能率と効率の論理	〃	〃
	組織構造	114. 水平、フラット型ネットワーク組織	114. 垂直、縦割り組織	萌芽期	成熟期
		115. ヘテラルキー(水平分業ネットワーク)	115. ヒエラルキー(階層的ネットワーク)	〃	〃

パラダイムリスト

大分類(領域)	中分類(パラダイム項目)	新《ニュー》パラダイム—内容	旧パラダイム—内容	ライフサイクル上の位置	
				新	旧
経営	組織構造	116. 小さな本社—分権、遠心型	116. 大きな本社—集権、求心型	萌芽期	成熟期
		117. ホロニック組織	117. 個と全体の分離	〃	〃
		118. 開放《オープン》、混血、柔軟組織	118. 閉鎖、純血、硬直組織	〃	〃
		119. フィールド、末端重視組織	119. 奥の院中心組織	〃	〃
		120. 即断、即決、即行できる組織	120. 全てに時間を要する組織	〃	〃
		121. アウトソーシング	121. 自社内	〃	〃
		122. 環境変化即応型組織—分社化、事業分社、機能分社	122. 規模拡大、巨艦主義	〃	〃
		123.「一人会社制」の導入	123. ドンブリ勘定、集団成果	〃	〃
	組織風土	124. 変革指向	124. 安定指向	萌芽期	成熟期
		125. 本音	125. 建前	〃	〃
		126. 競争と差異の許容	126. 協調と平等	〃	〃
		127. 機会の平等と結果の不平等	127. 機会の不平等と結果の平等	〃	〃
		128. 能力主義、実力主義、成果主義	128. 年功序列、学歴主義	〃	〃

パラダイムリスト

大分類(領域)	中分類(パラダイム項目)	新《ニュー》パラダイム—内容	旧パラダイム—内容	ライフサイクル上の位置	
				新	旧
経営	組織風土	129.個性、個人能力、独創性、創造性を最大限尊重	129.集団主義、同質、平等主義	萌芽期	成熟期
	経営資源	130.個人の突出力(創造性、独創力、信用、情報力、ネットワーク…等) 131.時間、タイミング 132.情報、IT力 133.自己革新力、変化対応力 134.信用、信頼、名声、人気、ブランド 135.経営力、技術力、ナレッジ 136.顧客、販売網 137.ネットワーキング、グループ力 138.企業文化、組織文化	ヒト、モノ、カネ	萌芽期	成熟期
	革新・合理化手法	139.M&A(合併・買収)		成長期	
		140.企業の売却(全体、一部)		〃	
		141.子会社の整理		〃	
		142.リストラクチャリング		〃	

パラダイムリスト

大分類（領域）	中分類（パラダイム項目）	新《ニュー》パラダイム―内容	旧パラダイム―内容	ライフサイクル上の位置 新	ライフサイクル上の位置 旧
経営	革新・合理化手法	143. リエンジニアリング		成長期	
		144. 究極の五大発想法 ［目的発想法、心形発想法、資源発想法、パラダイム発想法、修飾発想法］		萌芽期	
		145.「一人会社制」の導入		〃	
		146. チームマネジメント		〃	
		147. デコンストラクション		〃	
		148. MBO（マネジメント・バイアウト）		〃	
		149. コンプライアンス経営		〃	
		150. ファシリティマネジメント		〃	
		151. ABM（活動基準経営管理）		〃	
	技術	152. 独創	152. 模倣	萌芽期	成熟期
		153. 基礎技術	153. 応用技術	〃	〃

パラダイムリスト

大分類(領域)	中分類(パラダイム項目)	新《ニュー》パラダイム—内容	旧パラダイム—内容	ライフサイクル上の位置 新	旧
経営	技術	154. 技術革新—先端技術 ・バイオ—生命現象を探る ・微細—ナノの可能性に挑む ・知—脳と電脳融合の彼方へ ・光—電子の壁超え未来を照らす ・環境—産業社会の負の側面を解決する ・通信—次世代ネット動き出す		準備期	
		155. 分野別技術 ・自動車—燃料電池車、台風の目に ・交通システム—情報通信と融合 ・住宅—バリアフリー化に弾み ・環境保全型製品—温暖化対策が追い風に		準備期	

パラダイムリスト

大分類（領域）	中分類（パラダイム項目）	新《ニュー》パラダイム—内容	旧パラダイム—内容	ライフサイクル上の位置	
				新	旧
経営	技術	・エネルギー—飛躍期迎える太陽電池 ・機械—ロボット、家庭にも ・海洋・航空、宇宙—造船、鉄鋼技術活かせる日本 ・医薬品、医療機器、システム—高齢化で新市場 ・バイオ—遺伝子組み換えやクローンが牽引 ・情報通信、エレクトロニクス—多彩なソフトが後押し ・情報通信サービス—携帯通信主役に ・情報処理・通信、エレキ用材料—微細化克服に注目 ・素材—超伝導材が成長、電力機器に応用		準備期	
	情報	156.高度情報通信社会		成長期	

パラダイムリスト

大分類（領域）	中分類（パラダイム項目）	新《ニュー》パラダイム—内容	旧パラダイム—内容	ライフサイクル上の位置	
				新	旧
経営	情報	157. デジタルエコノミー		成長期	
		158. インターネット革命		〃	
		・「ｅ革命」		〃	
		・ITガバナンス ・ＳＦＡ（セールス・フォース・オートメーション） ・電子商取引 ・TCO（トータル・コスト・オブ・オーナーシップ） ・ＣＴＩ（コンピュータと電話の統合） ・OLAP（オンライン・アナリティカル・プロセッシング） ・データマイニング ・次世代クレジットカード			
		159. 意味情報、暗黙情報の重視	159. 記号情報、形式情報の重視	萌芽期	成熟期
		160. オープン化	160. 閉鎖性	〃	〃

パラダイムリスト

大分類（領域）	中分類（パラダイム項目）	新《ニュー》パラダイム―内容	旧パラダイム―内容	ライフサイクル上の位置 新	旧
経営	安全性	161. 危機管理	161. 無防備	萌芽期	
		①株主訴訟など訴訟増加		〃	
		②ビジネスモデル特許などの知的所有権戦争		〃	
		③コンピュータなどブラックボックスの見えざる危険		〃	
		④年金会計など会計基準の変更		〃	
		⑤企業倫理の破綻		〃	
		⑥大型倒産		〃	
		⑦優秀な社員のスピンオフ		〃	
		⑧セクハラ、差別		〃	
		⑨企業犯罪、内部告発		〃	
	環境	162. 環境対応型モノづくり		萌芽期	
		163. 環境会計		〃	
		164. 環境重視経営		〃	
		165. グリーンツーリズム		〃	
	株式	166. 株式交換、株式移転		萌芽期	

パラダイムリスト

大分類(領域)	中分類(パラダイム項目)	新《ニュー》パラダイム—内容	旧パラダイム—内容	ライフサイクル上の位置 新	ライフサイクル上の位置 旧
経営	株式	167. 持ち合い解消	167. 持ち合い	萌芽期	
		168. 債務の株式化		〃	
		169. 株価評価基準・指標の変化		〃	
	気質	170. 活私奉公	170. 滅私奉公	萌芽期	成熟期
		171. 非真面目、享楽	171. 生真面目、勤勉	成熟期	衰退期
		172. 部分的忍耐	172. 包括的忍耐	〃	〃
		173. 自己忠誠心—仕事、実力、能力、キャリア	173. 会社忠誠心	成長期	成熟期
		174. 自己主張、納得した柔順	174. 柔順、高い順応性	〃	〃
	制度・慣行	175. 成果主義	175. 年功主義	成長期	成熟期
		176. カフェテリア制(メニュー選択制)	176. 終身雇用制	萌芽期	〃
		177. 機能分担型組合	177. 企業内組合	〃	〃
		178. 経営機能主義	178. 経営家族主義	〃	〃
		179. トップダウン	179. 稟議的経営	〃	〃
		180. 必要最小限の福利厚生	180. 手厚い福利厚生	〃	〃
		181. マルチ雇用管理システム	181. 画一的雇用管理システム	〃	〃

パラダイムリスト

大分類（領域）	中分類（パラダイム項目）	新《ニュー》パラダイム—内容	旧パラダイム—内容	ライフサイクル上の位置 新	ライフサイクル上の位置 旧
経営	制度・慣行	①採用—不定期、中途、職種別、外国人、デマンド重視型、フィールド型、多様な人材採用	①採用—定期、新卒、就社、日本人、サプライ重視型、人事部型、同質	萌芽期	成熟期
		②評価—個人別実績	②評価—集団	〃	〃
		③報酬—年俸、契約制、成果、職務給	③報酬—年功、職能給	〃	〃
		④人材育成—自己啓発	④人材教育—御仕着教育	〃	〃
		⑤場所—SOHO	⑤場所—会社	〃	〃
		⑥時間—裁量労働制	⑥時間—定時間制	〃	〃
		⑦人材構成—多様化	⑦人材構成—均質化	〃	〃
		⑧キャリア目標—得た評価	⑧キャリア目標—属した組織	〃	〃
		⑨退職金—前払い	⑨退職金—後払い	〃	〃
		⑩転職—時価精算主義	⑩転職—年功中心	〃	〃
		182. 系列破壊	182. 系列強化	〃	〃
		183. 本物の目標管理	183. 流行としての目標管理	〃	〃
	職業選択	184. 労働市場の流動化	184. 労働市場の硬直化	萌芽期	成熟期
		185. 選職社会		〃	
		186. フリーターの増加		〃	

パラダイムリスト

大分類(領域)	中分類(パラダイム項目)	新《ニュー》パラダイム―内容	旧パラダイム―内容	ライフサイクル上の位置	
				新	旧
経営	職業選択	187. 就職―自由応募 188. エンプロイアビリティの向上	187. 就職―縁故と指定校	成長期 萌芽期	低落期
	人的資源	189. プロフェッショナル・スペシャリスト	189. アマチュア・ゼネラリスト	萌芽期	成熟期
		190. 終身雇用のエリート、契約タレント、短期雇用者の３形態	190. 終身雇用の正社員中心	〃	〃
		191. 全人的な真の能力者 ①豊かな教養 ②高潔な人格 ③限りなき向上心 ④普遍的方法能力 ⑤卓越した専門能力 ⑥実践力、行動力	191. 粗雑で局部的能力	〃	〃
		192. 真の人材とは、自分の仕事は自分で創り、自分のコストの３倍以上の成果を出せる人	192. 指示待ち、肉体労働者	〃	〃
		193. 携帯電話、パソコン世代の出現			

パラダイムリスト

大分類（領域）	中分類（パラダイム項目）	新《ニュー》パラダイム—内容	旧パラダイム—内容	ライフサイクル上の位置	
				新	旧
経営	人的資源	194.個人のマーケットバリューへのフォーカス	194.自社内バリューへのフォーカス	萌芽期	成熟期
	モチベーション	195.一人会社制の導入	195.会社ぐるみ決算	萌芽期	成熟期
		196.ストックオプション		成長期	
		197.ITによる人事管理			
		198.メンタルヘルス			
		199.コーチングによる組織改革			
		200.自己実現欲求など心的欲求の満足	200.物的欲求中心	成長期	成熟期
		201.心理的メカニズムは期待型	201.心理的メカニズムは同一化型	〃	〃
		202.仕事ロイヤリティ	202.会社ロイヤリティ	〃	〃
		203.業績の客観的評価	203.業績の主観的評価	萌芽期	〃
		204.好きな仕事、面白い仕事	204.選択余地狭い	〃	〃
		205.心形発想法—形より入りて心に入れ！	205.心より入りて形に入れ！	〃	〃
	財務	206.新会計基準 ①連結決算 ②時価会計 ③退職給付		萌芽期	

パラダイムリスト

大分類(領域)	中分類(パラダイム項目)	新《ニュー》パラダイム―内容	旧パラダイム―内容	ライフサイクル上の位置	
				新	旧
経営	財務	④持ち合い株の損益			
		207.キャッシュフロー経営		萌芽期	
		208.CFROI(投下資本キャッシュフロー率)		〃	
		209.EVA(経済付加価値)		〃	
		210.格付け		〃	
		211.IR(インベスター・リレーションズ)		〃	
		212.資金の市場からの直接調達(直接金融)	212.銀行からの借入れ中心(間接金融)	成長期	成熟期
		213.国際会計標準		萌芽期	
	製造	214.サプライチェーン・マネジメント		萌芽期	
		215.シックスシグマ		〃	
		216.BTO(ビルド・トゥ・オーダー)		〃	
		217.STAR(技術戦略分析)		〃	
		218.グローバルソーシング		〃	

パラダイムリスト

大分類(領域)	中分類(パラダイム項目)	新《ニュー》パラダイム—内容	旧パラダイム—内容	ライフサイクル上の位置 新	ライフサイクル上の位置 旧
経営	営業	219. CRM(カスタマー・リレーションシップ・マネジメント)		萌芽期	
		220. ECR(効率的な消費者対応)		〃	
		221. デマンドチェーン・マネジメント		〃	
		222. クレーム処理の重視		〃	

以上は、世界を大中小に分類するという体系化の一例であるが、要は各人がどの項目についてのパラダイムを知りたいのか、それをどのように活用したいのか、などを考えて、その活用目的に合うようなレベル、サイズに細分化、具体化してゆけばよいということである。

なお、本著の図表1―1に掲載しているパラダイムは、以上述べた大中小の内、大中の二段階で表示されている。すなわち、中分類をパラダイムの認知項目にしたものである。

分類基準に絶対的なもの、確立された方法はない。それゆえ、各人の活用目的に応じて最適な方法を考案すればよいのである。

概していえば、大分類などビッグサイズや上位レベルを認知項目にすると、それに対応したビッグで抽象度の高いパラダイムを認識することになる。

2　パラダイムの生成とライフサイクル

パラダイムは人間が創り、認識し、活用することから人間と深い関係をもっている。また、パラダイムはそれ自身でライフサイクルをもっている。

(1)　パラダイムの成立範囲

パラダイムの生成に当ってまず気になるのが、いかなる範囲に成立するのか、という問題である。

この問題については、定義の要件に、〝支配的・根源的〟というのがあることから、以下のように考えている。
この支配的・根源的ということから考えると、上限はいくら広く大きくてもよいが下限が問題になる。下限は企業でいえば、部・課レベルの組織単位、行政組織では集落といったところを考えている。しかし、それを余り厳密に定義しても得るものは少ない。パラダイムの活用目的から考えればよいのではないか。そこで具体的なイメージを大きなものから述べてみよう。地球、世界、国、行政単位、社会、業界、各種団体、地方、各企業、集落、部課などである。家族や友人、小グループや個人は含まれない。

(2) パラダイムの生成

次は、パラダイムはいかにして生まれ、創られるのか、といった問題である。パラダイムの生まれ方には、大別して二つの形《タイプ》があり、一つはそれまでに存在していたパラダイムの変更《シフト》という形で現われる場合であり、もう一つはまったく新しいものとして登場してくる場合である。いわば、変化と創造の二つである。

ここでは新しく生誕してくる場合についてみてみよう。この場合のほとんどは、個人の卓越した思想、発想、アイデア、理論などの成果が意識的に広められ、あるいは本人とは無関係に広まってゆき遂に〝支配的・根源的〟なレベルに達してゆくのである。このタイプでは、オリジナルなアイデアや理論などの卓越さが決め手となるが、時代の流れの力も大である。

以下の(3)では、創発されたパラダイムがいかなる生涯を終えるのか、について述べたい。

(3) パラダイムのライフサイクル

パラダイム発想法では、パラダイムを様々な角度から考察し、そこからアイデアを得ようとするが、それを促進する方法の一つにパラダイムをライフサイクルとしてみる方法がある。それはまた、ライフサイクルでみてゆくことによって、パラダイム自体をより深く、より正確に理解することにも役立つのである。

以下には、ライフサイクルを七つのステップに分けて述べる。

① 準備期―水面下

この段階はまだパラダイムとはいえない準備期であり、水面下の動きでしかない。人間でいえば妊娠中といった段階である。

しかし、この段階で将来のビッグなパラダイムとなることを見抜く力があれば、前途洋々である。この段階は通常、本人及び周辺のごく内輪の者しか知りえない。

② 萌芽期―導入期

この段階では、パラダイムという概念を知っているか否かにかかわらず、本人や周辺が、拡大への意図をもって活動し、認められようと努力している段階である。

この段階はそのやり方、進め方によっては将来に大きな影響を及ぼすことになる。将来、成熟期に

図表１－２　パラダイムのライフサイクル図

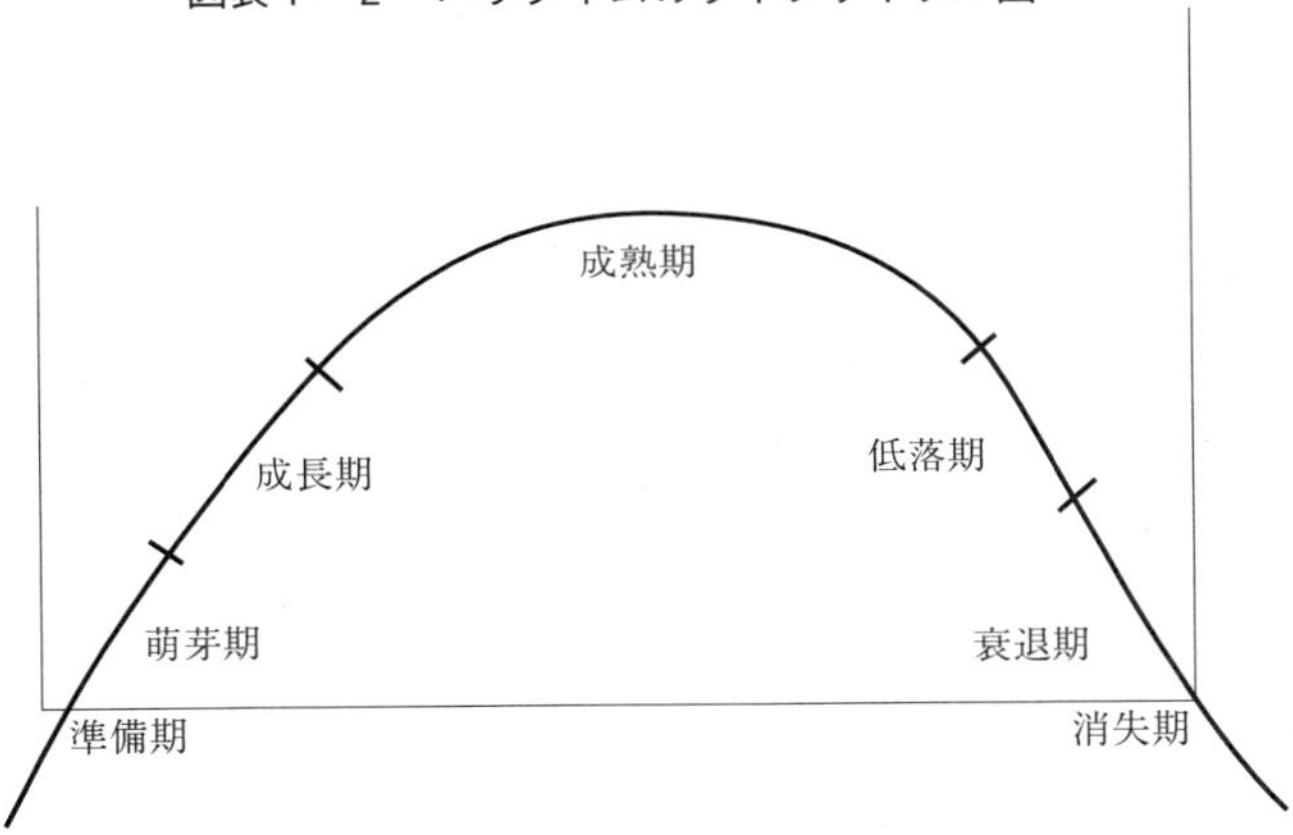

まで発展し、有力なパラダイムに育ってゆくか否かはこの導入期における「導入の仕方」できまってくる。

③　成長期

多くの人たちが後先《あとさき》を考えず、横並びでパラダイムの導入・活用を急ぐ段階である。果実にたとえれば、青々とした果実の実がたわわについている状態である。ここでは多少の矛盾や問題は成長力の陰にかくれて、表面化しない場合が多い。流行的な導入になるためリスクも大きい。

新理論、新学説などでは、論文や著作にし、発表の場をもつなどして普及に努める段階である。経営手法などでは流行のごとくに各社が競って導入している状況である。この段階でもっとも大切なことは、パラダイムの本質を見抜き自己や自社にとって真に有効か否かを十分検討することである。経営の失敗はここでの判断の誤りによって生じる場合が多い。

④　成熟期

試行錯誤を経て、安定した狙いどおりの成果もみられ、絶好調の状態にある段階である。あとは落ちてゆく先々のことについても想いを馳せておく。おごりを捨て、補強が必要なときもある。

この段階では、次の新しいパラダイムが見え隠れすることが多い。現状に酔い、盲目にならないよう気をつけることが肝要である。

⑤　低落期

ひと通り普及してくると、多くのパラダイムが低落への途を辿ることになるがその原因、理由には様々なものがある。この段階で重要なことは、低落の実態をつぶさにフォローして、それをうまく経営に取り込んでゆくことである。衰退の範囲、程度、影響、緩急……等々などである。

⑥　衰退期

パラダイムがその任を終え、消失に向けてその勢力がどんどん弱まってゆく段階である。しかし、この段階では、なお、パラダイムの最後の姿をみることができる。この段階で重要なことは、それらパラダイムの散り行く様《さま》であり、その余韻についていかに解釈するかである。

⑦　消失期

この段階のパラダイムは、目や耳に定かでない。表面上は消えている。それゆえ、パラダイムとしては話題にもならない。しかし、ものごとによっては、消失後も、多大の影響力が残っていることがある。無視してはいけない。要注意。

以上には、生まれてから死ぬまでの典型的なパターンを述べたが、実際には、多くの場合、すでに在るパラダイムに途中から参加したり、投げ込まれたりすることの方が多い。そのような場合に重要なことは、ただいま、自分が参加した、認知したパラダイムについて、徹底的に知ることである。たとえば、そのライフサイクル上の位置、内容、歴史、背景、活用状況、影響、未来予測……等々である。

位置が決まれば、先に述べた七つのサイクルに添ってその生涯をフォローしてゆくのである。

3　パラダイムの客観性と主観性

パラダイムの客観性と主観性についても言及しておきたい。

まずは客観性についてであるが、〝支配的・根源的な枠組み〟といった定義からしても、ある程度の客観性、合意性、普遍性が必要とされる。しかし、パラダイムはその多くが、人びとの心や頭のなかに在ることから、立証ということになるとむずかしいものも多い。

次は主観性であるが、これには二つがある。

一つは客観的に存在するパラダイムをいかに認識するかという面における主観性である。人は己の器、己のレンズでしか世界を観ることはできないことから、同一のパラダイムをみても、認知の仕方はまちまちである。そして、この認知の仕方にこそ個性や優劣の差が出てくるのであり、その後における成果を左右することになる。深く、高質に認知する人が優秀なのである。

これについては、基本的には正しく認知することを必要とするが、客観的に存在し、人びとが認識しているより、さらにその奥までも認識できるよう努めることが必要である。人びとを超える観方、考え方、認識の仕方が、いわゆる先見力、洞察力、創造力などといわれるものであり、個人能力や経営能力といった能力格差や個性になってゆくものである。

二つは、個人が主観的に抱く、己独自のパラダイムであり、世間にはまだ認められていない独創的、個性的なものである。本書のパラダイムの定義からは、やや違和感を感じるが、〝支配的〟という言葉を、物事の正当性といったところまで拡張解釈することによって、それが正しいものであればパラダイムと認めたい。もちろん〝個人パラダイム〟としてである。

これをライフサイクル上に位置づけると、社会的にみれば準備期に当たり、萌芽期、成長期に向けて普及活動に邁進している。しかし、当の個人にとっては、十分な理論を持ち確信に満ちたパラダイムなのである。自分には分かっていても、他人には知られていない、といった段階である。たとえば、私が開発した二百余の発想法は、目的発想法など一部が萌芽期にあるが他の多くは準備期なのである。しかし、個人の知恵や独創力などが最大の経営資源となっている今日、個人レベルにとどまるパラダイム予備軍をいかに早く発掘、認知するかは、きわめて重要な課題である。ＩＴの世界などをみればよく理解できるのである。

4 パラダイムの開拓者・育成者

先にも述べたごとく、誰かが新しいパラダイムを創造・発見しても、それを開拓・育成する人が出てこなければ、線香花火のように消え去ってしまう。新しい未開の道をまっしぐらに突進する人が必要なのである。彼らを〝パラダイムの開拓者・育成者〟という。

パラダイムも商品などと同じく、萌芽、成長、成熟、低落などのライフサイクルをもっているが開拓・育成者は、萌芽を成長過程につなぐという重要な役割をもつ。彼らは多くの場合、新しく導入されたパラダイムの実践者となり、導入者であるシフターを知的、体力的、時間的あるいは資金面などで協力、支援する。

パラダイムの開拓・育成者になるには、直観に加え、勇気が必要になる。抵抗する者も多く、成功の確証もない中での戦いとなるからだ。

圧倒的な優位に立つためには、パラダイム・シフターになる必要はない。開拓者・育成者になれば十分である。じっと耳を傾け、それほど遅れをとらずに新しいパラダイムに気づくことができれば十分間に合うのだ。全身を鋭く高感度のアンテナにし、あらゆる違和感、ギャップを感知するのだ。

新しいパラダイムの発見を得意とするのは米国であるが、開拓・育成の方は日本の方が得意である。

発見だけではなく、開拓・育成で勝負が決まるのだ。組織的にその環境づくりをすることが必要である。

商品開発や経営技法などにおいても、基本コンセプトについては欧米などが先んじることが多いが、応用段階になると俄然、わが国が元気になる。

5　パラダイムの知り方

自分が創るでもなく、既存のパラダイムに投げ込まれるでもないとき、われわれはいかにしてパラダイムを知るのだろうか。何についてのパラダイムを知りたいのか、については大別して二つがある。一つは特定の項目についてではなく、ただ一般的に漠然と「今どき、世の中のパラダイムはどうなってんの」といった無目的型、もう一つは、明確な目的をもって「これこれのパラダイムは何か」といった場合である。

まずは無目的型での知り方であるが、それには、朝日、毎日などの一般紙、一般雑誌を見ることである。いわゆるマスコミはパラダイムを先取りして記事にするからだ。何回も繰り返し掲載されていることが、パラダイムだと思ってもよいほどだ。次は著作だ。どんな本が売れているかをチェックしてみよう。できれば世界ブラブラの旅も効果的である。

次は目的型であるが、現在では多くの分野に専門紙、専門雑誌、専門図書がある。知りたい項目を探せば、おおよそのパラダイムはみえてくる。たとえば経済や経営では日経が群を抜いている。さらにはその道の専門家に話を聞くことも効果的である。ここでもそれぞれの専門分野につき見学旅行をするも良しである。その道の先進国を旅する効果はさらに大きい。

以上のほかにも、有力な方法がある。

その一つは、個人の言動に注目してゆく方法である。いわゆるその時々において話題となり、場合によっては、パラダイムにまで成長してゆく言動をする人から目を離さないことである。影響力のある人とは、米大統領をはじめ有力な政治家、ビル・ゲイツなど財界人……等々世界や日本あるいは地方において影響力をもった人たちである。

その二つは、インターネットの活用である。網羅的あるいは専門的な情報を得ることができ、大体の方向をつかむことが可能である。

その三つは、人に会うことである。とくに効果的なのは、各分野の専門家である。もちろん、電話、ＦＡＸ、インターネットを活用するも良しである。

その四つは、大型、小型、専門店のいずれをとわず店をみて歩くことである。

その五つは、欧米など先進国をみて歩き、動向を察知することである。

二　パラダイム・シフト

1　パラダイム・シフトとは何か

パラダイム・シフトとは、パラダイムがかわることである。パラダイムには、不易流行というごとく、かわらないものとかわるものとがある。しかし、かわる、かわらないといっても、時間の長さをいかに考えるかによって、さらに大きく振れる。数百年、数千年といったスパンでみるとほとんどすべてがかわり、数日、数カ月というスパンでみると、ほとんどかわることはない。時間的にはいかなる長さにでも認識することが可能なのである。

空間についてもまた、同様の問題がある。ごく狭い範囲で考えると、余りかわらないが範囲を広げるとどこかで変化が起きている。

さらに、大きな問題は、どの辺までゆけばかわったといえるのか、ということである。これも大別すると二つになる。一つは、法律や諸規則など実施日（変化）が明確なものであり、二つは、価値観や時代精神など変化日を特定できないパラダイムである。これら二つの中間にはまた、明白性の点からみて、さまざまな色合いがある。

比較的、変化が明白なものには、人口の推移など統計が発表される分野や企業業績のごとき数字的なものがある。

さて、それでは、法律など明確な変更日がある場合以外のパラダイムについては、いかなる状況になったときに〝変化した〟といえるのか。もちろん、客観的な基準はない。しかし、強いていえば、関係者の半分以上がかわったと考えるときであろうか。また、そのやり方ではうまくゆかない場合が増えてきたときであろうか。

しかし、それとて統計でもとらないかぎり、確認のしようもない。統計のとれるものは限られている。

結論的にいえば、変化を決める客観的な物差しは存在しないということであり、それを決めるのは、あくまで〝個人の感性と洞察力〟なのである。それだけに面白味があるというものである。パラダイムのライフサイクルをじっと見守り、どのあたりを変化《シフト》とみるか、それこそは、知性と感性の個人差なのである。

それでは、以下に、パラダイムをかえる者について述べてゆく。

2　パラダイムをかえる者

パラダイムに、ライフサイクルがあることは、先に述べてきた通りであるが、それでは誰がパラダイムをかえるのであろうか。かえる人《シフター》が誰であるかを知っていれば、それらの人たちの動きに注目することによってパラダイム・シフトの方向性をより早く察知することが可能になる。

新しいパラダイムは、現行パラダイムがまだ十分に成果をあげているときに出てくることがあり、それをみつけるには、人に注目することがもっとも効果的なのである。

(1) アウトサイダー

シフター候補の第一は、アウトサイダーである。彼は現行パラダイムを熟知していないことから、かたより、こだわり、とらわれることが少なく白紙の新鮮な目でみることができる。

アウトサイダーには例えば以下がある。

一つは、外部から入ってきた人たちである。これには大別して四つがある。その一つは、人材不足や新分野進出などにより、外部からその道のプロ・スペシャリストを招く場合であり、その二つは、企業などの再建や立て直しなのどのため外部からくる人たちである。いわゆる、再建屋といわれる人たちやコンサルタントなどがそれである。その三つは、異業種からきた経験豊富な人たちである。彼らはそれぞれの業種に固有のパラダイムをもっているのである。最後は、新人である。老若男女をとわずその企業、団体にとってほとんど白紙の人たちからは、新鮮な発想が生まれることがある。

(2) インサイダー（一匹狼）

シフター候補の第二は、組織内にいる一匹狼やかわり者たちである。彼らは現在のパラダイムで仕事をしており、どんな問題が棚上げされ、それらは現行パラダイムでは解決できないことを知っている。そこでなんとかしてパラダイムをかえようとする。

彼らは常に、一匹狼、かわり者、質問魔、わからず屋などとよばれ、ほとんどの場合、危機が発生するまで相手にされることはない。

(3)　チャレンジャー

ただ、そこに、目の前に、棚上げされている問題があるから、その解決にあえて取り組む人たちがいる。それが特別な問題だという意識もない。大問題に挑戦しようという意識もない。ただその問題が行く手を阻んでおり、それを解決しなければ先に進めないと思っているだけである。それゆえに、ただひたすらに取り組むのである。

(4)　パラダイム発想ができる有能者

パラダイムの効用を熟知しており、それを仕事に経営に活かしたいと熱望している人たちである。彼らはみずからがシフター役を演ずるのである。彼らこそ本物のシフターなのである。

パラダイム・シフトは質的な変化なので、直観と心で判断するが、そのためには、常に頭の中でさまざまなシュミレーションをやっておくことが大切である。これをやっていないと、新しい変化がみえてこないし、また、みえてもキャッチできないのである。

3　パラダイム・シフトの例

それでは、次に、パラダイム・シフトのわかりやすい例を二つ紹介する。

(1)　商品のパラダイム・シフト

パラダイム・シフトは図表1－1に例示したように森羅万象に及ぶが、以下には、商品に絞って一九六二年当時と一九九九年時点の間にいかなるパラダイム・シフトが起こったかを示してみよう。

図表1－3
商品におけるパラダイム・シフト

当時	
1962年の日本	・クズ　・安っぽい　・ありきたり　・安物　・間に合わせに買うもの　・低品質 ・粗悪品　・ローテク　・模造品　・結果タダ取り　・二流品　・野暮ったい ・おもちゃ　・ちゃち　・どうでもいいもの　・まがいもの
1999年の日本	・高品質　・低価格　・先進技術　・先端技術　・世界のリーダー ・高い信頼性　・世界で一番　・精密　・洗練　・一流　・画期的　・優秀 ・お買得　・欠陥ゼロ　・ハイテク

(2)　製造業のパラダイム・シフト

ここでは、パラダイム・シフトをより具体的にご理解いただくために、製造業についての新旧比較を行っている。

製造業の古いパラダイム（ルール）は、次のようなものである。

①多いことはよいことだ。量を好む。千個でも二千個でもコストは余りかわらない。二千個つくっておけ！
②工場の中は作業別にレイアウトする。部品はまとめてつくり、それをラインで組み立てる。
③リードタイムは長いほどよい。材料を早く注文すれば、納期に遅れる心配がなくなる。
④生産性は、汗と騒音によって測られる。すべての設備が絶え間なく動き、すべての従業員が休む間もなく働いているのがよい。
⑤上の命令に従えばよい。命令系統が下にゆくほど、頭は不用になり手足があればよい。
⑥監督者の仕事は、頭を使い、部下を休ませないことである。部下の仕事は、休みなく働き、頭を使わないことである。
⑦受注残に基づいて生産計画を立てる。

製造業の古いパラダイムを一口でいえば、「効率性という不効率を真面目にやっている」といえよう。

それでは、製造業の新しいパラダイムとは何か。

①作れるだけ作るのではなく、必要なものだけ作る。
②経済的なロットサイズは顧客が決める。一個求められれば一個が適正なロットとなる。
③垣根を取り払い、スムーズな流れを重視する。

④生産性は、効率性や設備稼働率で測るのではなく、費やした時間の合計とコストの合計で測る。
⑤リードタイムは短いほどよい。
⑥現場の人間にいちばん知恵がある。
⑦スケジュールに合わせて生産する。
⑧どれだけの生産能力が必要か、はっきりわかる。
⑨品質・コスト・納期・柔軟性が、重要な査定項目となる。

製造業の新しいパラダイムを一口でいえば、「メーカー主導から、顧客主導に変わった」ということである。

三　パラダイム・リスト

これまでも折りにふれて述べてきたように、パラダイムは、大小《サイズ》、抽象性、上位下位、関連性など構造的に考えてゆかなければならない。パラダイムが構造化できれば、世界（森羅万象）も構造化でき、世界を十分に認識することが可能なのである。

しかし、本書では入門書としての位置付けのため、構造化の面は割愛させていただいている。それゆえ、本書に掲載しているパラダイムについてもわかりやすさを優先して、主要項目を新旧対比する形で表示することにした。

1　パラダイム・リストの表示内容

それでは次に図表1―1に掲載している項目について左から順に解説する。

まずは、領域であるが、パラダイムが存在する分野を領域別に分類している。そのねらいはいうまでもなく、パラダイムの所在・所属をわかりやすくするためである。掲載範囲はすべてを網羅してはいない。その絞り方としては、経営・仕事をうまくやってゆくことに役立つ分野を中心にしているが、人生や日常生活に役立つ分野も多少は掲載されている。

次は、パラダイムの内容であり旧と新を表示している。パラダイム発想法は、パラダイムをライフサイクルで捉えるところに新鮮さがある。以下三つに絞って簡単に説明する。

一つは、旧であるが、パラダイムは基本的に観念や認識であることから、その大半は、いつまでが旧で、いつからが新といった明確な境界をもつ場合は少ない。ただ、法令や規程のごとく明文化されたものがパラダイムになる場合には、施行日などにより新旧は明確となる。そこで法令など新旧が明確なもの以外のパラダイムについては、旧の範囲について考察しておく必要がある。

旧の幅は実に広い。旧という以上は、新との対比で考える必要がある。本書では旧をもっとも広い幅で考えることにする。それはすでに存在しているパラダイムに対して、なんらかの新しい芽がみえてきた場合に、その既存のパラダイムを旧と呼ぶのである。したがって、旧とはいっても、九十九対一という勢力比となる場合もある。それゆえ、パラダイムのライフサイクルでいえば、準備と消失を除いた萌芽、成長、成熟、低落、衰退のいずれかを含むことになる。したがって、活用時には以上五つの内、いずれのステップに位置するかを洞察することが肝要である。

以上述べた、準備と消失を含めた七つのライフサイクルのステップについての認識は、個人、グループ、職場、部門、企業、地域、国……等々によりかなりの差異があるかもしれない。その違いこそは、経営や仕事の違いになってくる。

二つは、新であるが、これには二つがある。第一は、既存のパラダイムは存在せず、まったく新しく発生するものである。たとえば、新しい経営手法などである。このタイプは理論的には、準備、萌芽、成長、成熟、低落、衰退、消失の七ステップがあるが、その場合、新の場所で生涯を完《お》わる場合と新からさらに新が生まれ、旧の舞台で新旧が並存しながらその生涯を完わる場合がある。

新については、パラダイム・シフトの成り行きと新しく誕生する場合の双方に対する感受性や認知力を磨いておくことが肝要である。

最後は、新旧のライフサイクルと両者間の相互関係である。新旧双方の各ステップを組み合わせて表示すると以下のようになる。理論上は次のごとき組合せが考えられる。

新パラダイムの萌芽は、早いものでは旧パラダイムの成長期に始まり、成熟期にピークに達し、遅いものでは、低落期、衰退期にも現われることがある。

次に、新パラダイムの成長期は、旧パラダイムの成熟期に始まり、低落期に頂点に達し、遅いもの

図表1－4

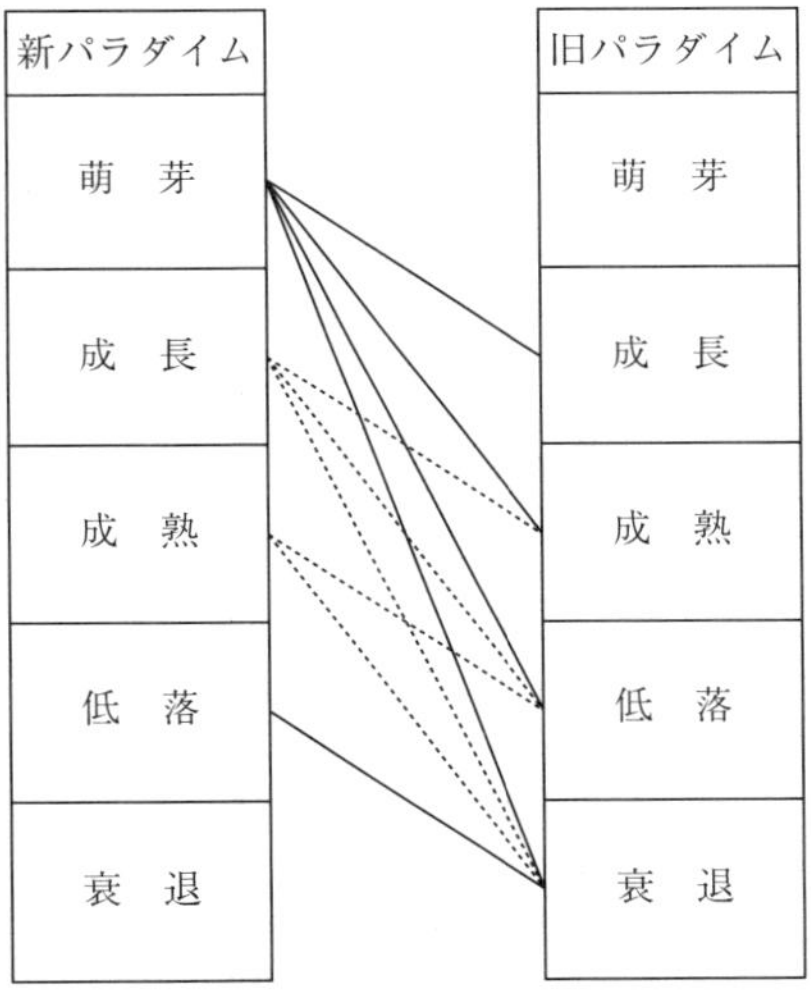

では衰退期に成長する場合もみられる。

最後に、新パラダイムの成熟期は、旧パラダイムの低落期と衰退期にあらわれる。低落期は旧パラダイムの衰退期に当たることがある。

なお、新生は旧パラダイムとは無関係に〝新しく生まれるパラダイム〟であり、旧との対応関係はない。おのおの単独で一家を構え、萌芽、成長、成熟、低落、衰退への途を歩む。そして、ここにもまた、次の新しい萌芽につながるものと、一代で消え去るものの二つに分けられる。

2　個別パラダイムの解説

図表1―1のパラダイム・リストには、七つの領域、四十九の分野に二百二十二のパラダイムを掲載した。しかし、それらのすべてを本書一冊に詳述することは不可能である。そこで、本書の出版目的から考えて、以下の方針に基づいて述べることとした。

まずは、本書の出版目的であるが、それはまずはパラダイム発想法とは何か、をご理解いただくこと、そして次は経営や仕事、生き方や日常生活に活用すれば偉大な効果、効用があるとの実感を得ていただくこと、さらに最後は〝よし、それでは、ただ今からパラダイム発想法を存分に活用して、卓越した経営、仕事をし、幸福な人生を送るんだ！との決意をしていただくことにある。

では、次に以上の目的を達成するための記述方針を述べる。

一つ、卓越した経営・仕事に対して有効性と活用可能性の高いものを重点的に述べることである。長期不況と閉塞状況を打破するために今すぐ役立つ発想が得られそうなものに紙面を多く割いている。その他については、まったくふれないか、もしくはごく簡単にそのなんたるかについて述べるにとどめている。

二つ、重点項目についての記述内容は、①意味・定義、②ライフサイクル上の位置と現状・未来予測、③影響・波及効果、④活用法・活用への方向づけ、その他である。しかし、取り上げるテーマによって、項目や形式はまちまちである。

三つ、以上の内容を述べるに当っては、とりわけ以下をご理解いただくことに配慮した。

「われわれが経営や仕事、人生や日常生活を卓越させるためには、世界（森羅万象）を全包括的《ホリスティック》に捉えると共に、その中にわれわれの全生活である刻々の行為をＴＰＯのなかに正しく位置付け、最適の対処法を見い出さなければならない。そのためには、混沌、混迷、複雑の世界から、必要な部面、断片を整合的に正しく、深く、最適に切り取ることが必要になる。そして、切り取るためにはその機能を十全に果たすツールが必要となる。切り口、物差し、標準、尺度、モデルといったものであり、パラダイムはそれらツールの一つなのであり、世界をもっとも容易・正確にかつ奥深く切り取ることを可能にするのである。

さらには、パラダイムをライフスタイルでダイナミックに捉えることにより、世界がますます鮮明にかつ精密に認識でき、したがって、それゆえにまた、世界を改善、革新するための知恵が限りなく噴出してくるのである」。

以上は要するに、パラダイム発想法の本質を述べたものである。

四　パラダイム発想法とは何か

1　パラダイム発想法の意味

以上には、パラダイム発想法の核《コア》を成す、パラダイムについて本書での定義と本質を明らかにした。パラダイム発想法は、パラダイムを活用して行う発想法であることから、明確な定義が必要なのである。

それではいよいよ「パラダイム発想法」の定義をする時がきた。

パラダイム発想法とは、「パラダイムおよびその変化《シフト》とライフサイクルを基軸として、それらの影響力や波及力等から現在及び未来の世界を認識、予測し、革新・改善策など多様で多彩な発想を得る技法」である。

以下に要点を述べる。

まずは、パラダイムとその変化《シフト》及びライフサイクルを発想の基軸に据えていることである。思考や行動の依拠・根源や認識の枠組みが明らかになれば、多くの物事が見えてくるのである。

次は、扇の要《かなめ》に位置するパラダイム、とりわけその変化《シフト》とライフサイクルに着目して、その影響力と波及力を存分に活用することである。これにより、扇が末広がりに広がるように、中心から末端までの全貌がみえてくるのである。

最後は、パラダイム及びその変化《シフト》・サイクルからそれらの影響力・波及力を活用して、社会現象や人間行動における因果関係や論理性を推理、予測、認知することである。人間が係わる諸現象には、自然的因果関係の証明がむずかしく、真剣な取組みが薄れてゆく傾向にあるが、多少なりとも因果関係と論理性を高めることに貢献できるはずである。

パラダイム発想法を活用することにより、関係がみえない、バラバラな微小の断片があたかも、人間有機体のごとくに、関係づけられ構造化、体系化されてゆくからである。

それはまた、複雑系と生命論パラダイムを特徴とする二十一世紀の世界をよりよく理解するための一助となる新しい発想法なのである。

諸現象（形）からパラダイムとそのシフトを探《さぐ》り、そのパラダイムから、諸現象を知るという循環的な活用法が有効である。

2 パラダイム発想法の本質（目的）

それでは、このあたりでパラダイム発想法の本質についてまとめておきたい。これまでこむずかしいことを多く述べてきたので、頭の中をスッキリさせたいからである。そのためには本質に迫るのがもっとも効率的なのである。

さて、パラダイム発想を実践することの本質とは何か。それこそは、「よりよく観え、よりよく考えられ、よりよく発想でき、よりよく認識できることから、よりよく行動がとれること」である。では、その**よりよく**とは何か。まずは**より**のほうであるが、これはパラダイム発想法を使わない場合に比べてのことである。次の**よく**とは、認識や行動などを卓越化させるためのあらゆる性質であり、それは通常修飾語で表される。早く、正確に、安く、楽しく、楽に、高質に、美しく……等々である。

以上を要約すれば、「美しい心が美しい形（行動）をつくる」「善い内面が善い外面をつくる」という心と形の関係といえる。

五　今、なぜ、パラダイム発想法なのか

それでは次に、今、なぜ、パラダイム発想法が必要なのか、また、切望されているのか、について述べておきたい。

1　混沌・複雑な現世界のよりよき理解

(1)　現状の理解

現今の世の中、世相は、その変化の余りの大きさ、広さ、激しさ、深さ、複雑さ、速さ等々により、「一体、何が、どうなっているのか皆目わからない」といった状況にある。その変化はあたかも、数十年前でいえば、十年に一度起こるか起こらないかといった大変化が、現今では、毎日のごとくに起こっているのである。

そこでは、現象（結果）の正しく構造的な理解は不可能であり、したがって、適切な対応もできず、右往左往し、変化の流れに翻弄されているだけとなる。これでは、人も企業も幸せになれるはずはないのである。

しかし、われわれはかかる事態に対して徒手傍観しているわけにはゆかない。それでは企業は倒産し、個人は破滅してしまうからである。

では、どうすればよいのか。答えは明確だ。

まずは、現象とその背後にあるものを正しく理解することが必要である。いわば諸現象の構造的、体系的な認識が不可欠なのである。では、それら複雑きわまりない諸現象を構造的、因果的に理解、認識するにはどうすればよいのか。その問いに答える理解、認識の方法技術が、パラダイム発想法なのである。

確かに世の中は、複雑怪奇で混沌・無秩序のごとくに見えなくもないが、しかし、その背後にはかなり鮮明なパラダイムが存在しており、諸現象のほとんどはそこから生起しているのである。それゆえ、根源であり原因であるパラダイムの変化やサイクルをしっかりとつかめば大方のことは理解可能なのである。

世の中の変化は、パラダイムの変化によって起こっているのであり、したがって、パラダイムの動きを知れば、世の中のことはだいたいわかるというものである。

(2)　未来の予測

われわれが何かを行うのは未来においてであり、その未来がどのようになってゆくのかについて予測することができれば予め対策をたてることができる。しかし、すべての分野において確率百%の予測をすることは不可能であるが、より高い確率で予測することは可能であり、その方法の一つがパラダイム発想法なのである。

複雑怪奇、ドラスティックかつドラマティック、しかも超高速、さらに地球的広がりをもつ変化が様々な分野で毎日のごとくに起こっている。それゆえに、「未来予測などやっても当たらない、やるだけムダだ」となっている。

だが、しかし、パラダイム発想法を活用すれば、かなり高い確率での未来予測が可能なのである。なぜならば、人間社会に生じる諸現象は、いわば何かを因《もと》にして起きる結果であることから、その因になるものの変化や流れ《トレンド》を掴めば、おおよそのことは予測できるからである。そして、その因になるものが、パラダイムであり、したがって、パラダイムの変化、動向を掴んでさえいれば、結果であるところの諸現象も予測できる可能性が高まってくるというわけである。

原因なくして結果なし。その原因をパラダイムの変化に求める発想法なのである。

では、何によって、パラダイム・シフトを知る得るのか。一つだけ方法を述べておく。

それは、今までにみられなかった、新しい現象や思考を確実にキャッチすることである。パラダイムがかわるときには、必ず何らかの予兆がある。それを見逃さないことである。

2　閉塞状態の打破

以上により、混沌・複雑な世界をよりよく知ることができると、次は現今の多方面に亘る閉塞状態を打破するために活用するのである。とりわけ、パラダイム・シフトは、経営、日常業務、日々の生活……等々、人生万般において、われわれがいかに対応すべきかについての知恵を与えてくれる。そこでは、われわれがいかに生きるべきか、いかなる経営をすべきか、等々に関して多大の情報、材料、ヒントを提供してくれるのである。

経営も人生も、日常の細々《こまごま》とした仕事や生活も、このパラダイム・シフトをいかに正しく理解し、いかに有利・有効に活用してゆくかでその成否が決まるのである。

たとえば、パラダイム・シフトの領域に、「規制強化から規制緩和へ」というのがあり、多くの分野で「事業への新規参入」や「価格設定」の規制緩和すなわち自由化が行われている。そこでは新規に参入する側にとっては絶好の機会《チャンス》となるが、他方、参入される既存業者にとっては厳しい競争状態に突入することになる。

規制緩和は、主として、価格や参入の自由化を意図したものが多いが、その結果は、激烈な競争であり、真に実力ある企業しか生き残れない。それら規制緩和はある日突然に、ということはなく、かなりの準備期間があるのだ。

3　能力開発—予見・先見能力など

毎日、いや毎秒のごとくにかわりゆく現今社会において、もっとも重要で役立つ能力は、未来を予見する能力である。しかし、これまで未来を効果的に予見することのできる方法技術は開発されてこなかった。これまでは、時代の流れが比較的、ゆるやかであったこともあり、予測や予見の方法についてもそれほどの必要性を感じてこなかったからである。

だが、いまから未来にかけては、経営から私生活までの全領域において、もっとも重要な資源は〝時間〟ではなく〝時刻《タイミング》〟なのである。そしてその時刻を最高に生かしきるには、未来のより正確な予測・予見が大前提となる。パラダイム発想法はその予測・予見能力を高めることにも大きく寄与するのである。

予測・予見能力を高めるためには、現象やトレンドが目にみえてかわってくるまで待っていてはすでに手遅れなのである。かかる場合にも、パラダイム発想法は、たとえば、変化が現われるずっと前に注目することの必要性を教えてくれる。たとえば、考え方をかえはじめた人、ルールをいじりはじめた人、今までのやり方では解決できなくなったといっている人たちをみつけだし、フォローしてゆくのである。

パラダイムという言葉は、長く多方面で使用されているが、それはこの言葉でないと盛り込めないニュアンスを感知することができるからである。そのニュアンスとは、「世の中の物事はかわるもの、かえることができるものであり、その変化の中にこそ光を見い出すことができるのだ」というものである。既存の思考枠組みや制度・慣行もかわるのだ、かえられるのだという希望のようなものが感じとれるのではなかろうか。

クーンがいうパラダイムという言葉には、元来、「一定の期間」という注釈がついているのであり、「かわる」ことが前提になっており、未来永劫絶対正しいものはないのである。

先見力とは、何かが起こる前に、それを見通す能力であり、経営者、ビジネスマンに不可欠の能力である。混迷が続く時代においては、予見能力を土台にしての危機回避・対応能力と機会発見能力がとりわけ重要である。問題が起こってからではすでに遅いのだ。発生する前に予見し、未然に手を打つことが大切なのである。

激動の時代では、先を見通せるかどうかで成否が決まってくる。

それでは、最後に予見に必須の能力を述べておく。

一つは、パラダイムを発掘・認知する能力である。

二つは、パラダイムが及ぼす影響力の理解力であり、パラダイム発想法が最も重視する能力である。

三つは、情報の収集・整理・分析・選択能力である。

四つは、芸術家的創造能力である。未来を科学的に予見できる場合は少ない。そこでは芸術家的な創造・想像能力が重要になってくる。

五つは、現在から将来への道筋を目的と手段で体系的に示せる目的発想力である。

最後は、表現力である。

4　改善・革新

パラダイムには規範・モデル・あるべき姿などの機能がある。そこからは、改善・革新についての無限のアイデアが噴出する。また、現状認識や未来予測が容易にできることからも改善・革新すべき箇所が無限にみえてくる。

5　新規業務・新事業の発掘

パラダイム・シフトなどをみていると、新規業務や新規事業創造のアイデアは無数に出てくる。規制緩和だけをみても無数のヒントがある。

以上のほかにも、パラダイム発想法の必要性は多方面に及ぶ。

たとえば、エクセレントカンパニーにするためであり、パラダイムに適応することは、即、環境に適応することにもなるのである。パラダイムのライフサイクルとシフトを具《つぶさ》に追えば、ごく自然のうちにエクセレントカンパニーが出来上がっているのである。

次は、生活者、職業人、経営者等すべての人たちを幸せにするための必要性である。

生きとし生ける者すべてが幸福な人生を完えなければならないが、そのためにもパラダイム発想が必要なのである。

六　パラダイムとパラダイム発想法の特徴

パラダイム発想法についての理解をより深めるため以下にその特徴を述べておきたい。

(1)　変化性

まずは変化性に富むことである。千変万化することを前提としており、重要なことは、そのことを関係者全てが共通に認識することである。わが国の社会や企業などでは、今なお〝変化すること〟への抵抗は根強い。変化によってすべてを失う場合もあることなどからそうなるのであろうが、それゆえに、全員で〝かわることが常でかわらぬことが異常〟との共通認識をもつことが必要になる。

(2)　柔軟性

次は、その柔軟性である。〝枠組み〟という言葉そのものに柔軟性を示唆しているつもりである。枠という概念そのものがかなりの柔軟性をもっているのだ。パラダイム・シフトとサイクルの双方共にその内容や時期についてもかなり流動的で曖昧なものを残している。

曖昧だからこそアイデアが出てきやすいといった面もあるのだ。

(3)　広範性・基底性

パラダイムは観方、考え方、認識等の枠組みであることから、すべての人に存在するものである。それぞれにその人なりの観方、考え方、認識などの枠組みがあるのだ。

それはまた、言葉や行動に表われる以前、具体的に観たり、考えたり、認識したりする以前に存在するという意味では非常に基底性、根底性という性質を持つものといえる。

(4) 問題解決性・改善性

パラダイムには、世界観からルールといったものまで実に広範囲のものが含まれているが、それらはいずれも、世界の切り取る範囲を特定するものであり、また物事に方向性を与えるものであり、さらには思考や行動に対する判断基準を示すことなどから、問題解決やよりよい経営、生き方などの促進に有効なのである。

さらにいえば、情報の氾濫と混迷をきわめる複雑系社会のなかで企業の経営を行い、困難な問題を解決してゆくためには、茫洋とした混沌世界に方向性を与え、切り取る範囲を限定し、分類・整理の枠組みを与え、思考や行動へのルールを示すことが必要となるのである。

それらに多大の貢献をするのが、パラダイム発想法なのである。

(5) 諸刃の剣

時代や環境の変化その他により、パラダイムはかわってゆくものである。もちろん、それぞれのパラダイムにはそれぞれに特有の生命があり、短命に完わるもの、長寿をまっとうするものなどさまざまである。

しかし、問題はまったく価値を失い、抜け殻になっているにもかかわらず、いつまでも古いパラダイムにしがみつき、次の新しいパラダイムを見過してしまうことである。古い方はすでに機能せず、新しい方も身につかず、いわば双方を無にしてしまうことになるからである。

いかなるパラダイムにおいても、それを存分に駆使するためには、ある程度の深入りや思い入れが必要であるが、それに習熟し、慣れれば慣れるほど、それを破りそこから離れることが難しくなってゆく。

そうかといって、いつもキョロキョロして、新しいものを追いかけ、現在のパラダイムをおろそかにしてもらっても困るのである。

そういった点において、パラダイムはいわば諸刃の剣のごときものである。もっともよいのは、現在のパラダイムを悔《く》いなく、真剣に活用する中で、常に新しい芽についても真剣な目を向けておき、絶妙のタイミングを捉えてシフトしてゆく柔軟な姿勢である。

(6)　心先在性

物事を行うにさいしては、心が先か、形（行動）が先か、ということが論じられるが、パラダイムそのものは心（頭の中）に在るものであり、いわば、「心が先に在る」ということになる。

また、その心も比較的長期の間に徐々に形成されるものが多いといえる。たとえば慣習、企業文化、各地のしきたり……等々である。

この心先在性については、長期的視点での心づくりに取り組むことが肝要である。

(7) ゼロベース性（デジタル性）

パラダイム・シフトが起きると、旧の方は御破算となり、すべてがゼロとなり、何もかも一からのスタートとなる。したがって、深く長く根づいた貢献度の高かったパラダイムほど失われるものが大きくなる。

それゆえに、また、過去の成功に酔う人ほど、古いパラダイムに確信をもっていた人ほど、頂点をきわめた人ほど、その古いパラダイムに固執し、しがみつくことになりがちである。

パラダイムが完全に定着すれば、それ以外のパラダイムはすべて、間違ったものに思えてくる。「それは、うちのやり方じゃない」。かかる硬直化は、あらゆる組織のあらゆるレベルで起こり、やがて、新しい発想を窒息させるようになってゆくのである。

変化のスピードがゆっくりしているときは、天狗になっていても、すぐには機能不全とはならないこともある。しかし、一つのやり方に固執すると、ほかのやり方が目に入らなくなり、激動、激変の時代には実に危険である。状況は大きく急速に変わるため、一カ月前に正しかったことが、今も正しいとは限らないからである。

パラダイム麻痺は組織の革新を阻害する。革新が困難なのは、永遠のパラダイムが定着しているからだ。それゆえ、姿勢を改め、もっと柔軟にものごとを考え、固い殻を破って新しいパラダイムを求めようとしない限り、新しいすばらしいアイデアは常に、よそのだれかが発見することになる。

(8)　あるべき姿、モデル性

多くの場合にパラダイムは〝あるべき姿〟としての性格を持つ。それゆえに、枠組みにできるのである。このあるべき姿こそは、パラダイム発想法が持つ幾多の効用《メリット》、機能の源泉なのであり、もっとも重要な特徴といえる。

七　パラダイム発想法の機能・効用《メリット》

パラダイム発想法には数多くの機能《はたらき》・効用《メリット》がある。積極的な活用への動機づけに資するため以下に述べておく。

(1)　世界（森羅万象）をよりよく認識できる

第一の機能・効用は、世界（森羅万象）をよりよく認識できることである。それでは**よりよく**のよくとは何が**よく**なるのか。その主要なものは次の十であり、いずれもプラスの修飾語で表現される。また、**より**とはパラダイム発想法を活用しない場合との対比である。

①より早く、よりタイムリーに――迅速

枠をはめて世界を分割し、切り取るのであるから、早く、タイムリーに認識できる。たとえば、新聞・雑誌などをみるにつけても、それぞれの記事の見出しをそれぞれのパラダイムでみると内容は読まなくてもほとんどわかってしまう。したがってパラダイムでみる人とそうでない人の差は何十倍、何百倍の差となってくるのである。

②より正確に—正確

完璧とはいえないまでも、ある程度しっかりしたパラダイムを通してみることから、より正確に認知することができる。大きく間違うことはないし、大失敗することもない。

③より安く、より低コストで—安価

仕事では全ての人にコストがかかっている。早く、正確に認知できればその節約時間分だけでもコストは大幅に低減する。

④より楽に、より楽しく—楽

パラダイムというメガネをかけていれば実に楽に、そして楽しく認識することができる。

⑤より容易に、よりわかりやすく—容易

メガネがあれば、複雑きわまりない世界も比較的容易に認識できると共にわかりやすい。

⑥より広く、より多く—量

パラダイムを多くもつほど多くの世界を切り取ることができる。

⑦より高質に—質

ちゃんとした枠組みで捕捉するとそれなりに高い質で対象を切り取れる。型などの活用を考えればよく理解できよう。

⑧より真実を―真実

パラダイムは、尺度や評価基準の機能《はたらき》もあるところから、対象をより真実に切り取ることができる。

⑨より美しく―美意識

パラダイムを用いると世界をより美しく切り取ることができる。

⑩より効果的に―効果性

以上をまとめていえば、要するに対象を効率的に認識できるということになる。以下には、以上に述べた〝よりよく〟がなぜに可能なのかについてそのポイントを述べておきたい。

(2)　切り口、物差し、評価基準、モデルとなる

枠を当てて世界を切り取り、認識してゆく過程でパラダイムは、切り口、尺度、物差し、整理分類の基準、モデル等々の役割を果たす。それらは、対象認識の迅速化、正確さ、低コスト、容易さ……等々に大きく貢献する。

(3)　知覚を構成するモデルとなる

われわれの思考、知覚、経験の基礎となっているものは、世界のあり方に関する暗黙の仮定である。たとえば物をみるさい、目は「外の」世界の知覚的データを脳に提供する。しかし、このデータが意味をもった経験となるためには、まず脳による解釈と組織化を必要とする。それには、一つの世界のモデル（つまり、物のあり方についての観念）が必要である。もし、このような知覚の枠組みがなけ

れば、生《なま》の視覚的データは、そのままでは意味をもたない。パラダイムはこのような、知覚を構造するモデルとしても機能するのである。

われわれは、知覚を構成するとき世界を構成するモデルをもっていて、知覚はこのモデルに大きく左右されている。そしてこのモデルが知覚したデータを解釈し、どの体験を「現実」として受け入れ、どれを「錯覚」として拒絶するかを決定するのである。

要は、世界をどのようにみて、また、どのように解釈するかに多大の影響を与えるのがパラダイムなのである。

(4) アイデアが噴出する

パラダイム発想法は発想法の一つであり、知恵やアイデアは大河のごとくに湧き出てくる。仕事面では改善、革新や新しい事業などのアイデアである。アイデアの源泉は、パラダイムと現実の間に発生する違和感やズレである。

逆にいえば、パラダイム発想をしないと、有用なアイデアは湧いてこないのである。

(5) 物事の位置を認識できる

激変、激動、超スピードの今日、物事の位置づけができがたい。いかにちっぽけなことでも時間と空間と水準《レベル》(質)の中にしっかり位置づけできなければ卓越した仕事をすることはできない。パラダイム発想法を活用すれば容易に位置づけが可能なのである。

(6)　構造化・体系化が容易にできる

パラダイムはそれ自身が時間的・空間的な構造と体系をもっており、それらを活用すれば、世界のことごとくを構造化、体系化することも可能である。枠組みにはきわめて多彩なサイズが存在するからである。

(7)　世界を容易に認識できる

人は誰でも、自分のパラダイムを通してしか世界を認識することはできない。自分のパラダイムに合わないものは、それが目の前にあっても、目に入らないのである。

したがって、われわれが何を知覚するかは、各自がもつパラダイムによって決定されることになる。ある人にはありありとみえるものが、違うパラダイムをもっている人にはまったくみえないといったことも起こるのだ。

もちろん、みえないだけではない。耳を傾けても聞こえない。匂いを嗅いでも匂わない。手で触っても感じない。みえどもみえず、聞けども聞こえず、となるのである。

それらはすべて、パラダイムが原因なのである。すなわち、自分がもっているパラダイムに合うものだけが、見え、聞こえ、匂い、感じられるからである。それゆえに、同じ現象であっても、パラダイムによってみえたり、みえなかったりするというわけである。

それゆえに、われわれは世界をよりよく知るためには、行動や諸現象の背後に潜むパラダイムを知ることが肝要なのである。とりわけ、パラダイムの推移とライフサイクル上の位置を正しく知ることが大切である。パラダイムを知れば行動がわかり、行動をみればパラダイムが読めるようになるからである。

パラダイムとはいわば、諸刃の剣のごときものである。正しい使い方をすれば世界がありありとみえるが、使い方を誤れば何もみえないか、まちがってみえることになるからである。

(8) 真贋を知るきっかけとなる

言葉、概念、パラダイムなどは、多くの場合に、俗用、誤用、拡張、悪用される。科学史では、相対性原理、不確定性原理さらにはエントロピーなどがそれである。それらの中でももっとも有名な例は、十九世紀後半のダーヴィニズムとその誤用・俗用としての社会ダーヴィニズムである。そこでは、進化や適応という生物進化論の中心的な問題点を切り落とし、生存競争、適者生存といった人生に直結した言葉のみが残ったのである。

また、最近の典型的な事例では、リストラクチュアリングという概念が、わが国においては単なる〝人減らし、首切り〟として誤用されていることである。

以上のごときことは、正しいパラダイムをしっかりともち、またその推移や変化を厳しくみつめてゆくならば、それら誤用・俗用など活用の真贋を見抜くことが可能になるのである。パラダイムは一つの物差し、基準の役割を果たすからである。

(9)　環境変化に対応できる

時代の変化、環境の変化を確実にフォローし適切な手を打ってゆくための最適な方法はパラダイムのシフトとライフサイクルを的確にフォローしてゆくことである。

パラダイムを基軸にして、その前後左右を見渡せば全体の構図がつかめ、未来が予測でき対応策のアイデアも続出するのである。

マンネリ化することもない。

変化に遅れることもない。

(10)　世界を観るレンズになる

われわれが住む世界は余りにも広く大きく多様だ。すべてを観ることはできない。しかし、何かを観なければ生きてはゆけない。そこで何を、そしてどこに力を入れて観ればよいかを示してくれる窓口となるものがパラダイムなのである。パラダイムという窓口《レンズ》がなければわれわれは何をどこから、何に力を入れてみればよいかがわからないのである。

それゆえに、同じパラダイムをもつ人は、同じ窓口からみるため世界が同じようにみえるのだ。同一のパラダイムをもつ人たちは、したがって、ものの見方や考え方、問題を解決する方法も同じようになるのである。

てもよい。

⑾　人の言動や人格がわかる

人と話をしていてわからないときは、相手のパラダイムを知るように努めることである。パラダイムがわかると、相手の話がスラスラとわかってくる。場合によっては、直接、パラダイムを聞いてみてもよい。

また、対象になっている人のパラダイムを知ると、その人の人格、人間性のレベルをおよそ掴むことができる。日々刻々の人びとの言動（形）は、その悉《ことごと》くがパラダイム（心）の表現だからである。それゆえに、対象者のパラダイムを知るとその表現である言動も容易に知ることができるのだ。では、どうすれば知ることができるのか。その方法とは、日々刻々の言動を克明に観察し、その奥に共通するものを見い出すことである。

⑿　問題がわかる。解決策がみえる

同一のパラダイムで物事を処理していると、どこかにズレ、違和感、ギャップといったものが生じてくる。そして、やがてはそのパラダイムではどうしても解決できない問題がみえてくる。このことは、パラダイムが行き詰まったことの信号であり、新しいパラダイムの発見・発掘に向かわなければならない。いわば、パラダイム発想を着実に実践してゆくならば、パラダイムの萌芽・成長・成熟・低落などのライフサイクルを通して、問題を発見することができるのである。さらにはその解決策もみえてくるのである。

⒀　予見力・洞察力・創造力を高める

パラダイム発想法をしっかりと身につければ二十一世紀の中心的な能力である、先見力、予見力、洞察力、創造力を高めることができる。

ビジネスなど人間が営む世界では、その未来を創造し、変革してゆくことは可能である。ただし、そのためには、未来の方向を察知、予見できる能力が必須である。先が読めれば未来をかえることはそれほど難しいことではない。

産業界の栄枯盛衰がそのことを見事に証明してくれる。世界的に有名な例として、スイスにおける腕時計産業の栄枯盛衰がある。機械式から電子化へのパラダイム・シフトを予見することができなかったことによる衰退である。

機械式腕時計で世界の王者として君臨してきた自信と誇りが、クォーツ時計への変化を予測、予見させなかったのである。しかし、大変残念なことには、クォーツを最初に発明したのはスイス人自身であったことであり、また、ヌシャテル研究所は、世界時計会議にクォーツ時計の試作品を展示していたのである。これに飛びついたのがセイコーである。

スイス時計産業の失敗は、余りにも偉大であった過去とその時点における栄光と自信から機械式に固執させ、電子式への目を閉ざしたことである。

しかし、かかる過ちは、どの作業、どの企業、どの組織、また誰でもが常に繰り返しやっていることである。この過ちを繰り返さないためには、将来を予見する能力を高めておく必要がある。そして、この予見能力向上にもっとも有効な方法がパラダイム発想法なのである。また、パラダイム発想法はこの予見能力以外にも、先見力、洞察力、創造力、革新力《イノベーション》……等々多くの重要能力の開発、練磨に多大の威力を発揮する。

⒁　未来への適切な手が打てる

未来を予見できる先見性が必要なのは、未来に生じてくるであろう問題に対してそれらを未然に防止することや発生が避けられない問題に対しては、極力その被害やリスクをミニマイズするための対応策を前もって準備できることである。さらには、予見できる変化を活用することによって多大のチャンスや利得を得ることができる。少なくとも未来が予見できれば、虚を衝かれることはない。

先見性とは、何かが起こる前に、それを見通す能力であるが、この能力は経営者やビジネスマンいや全生活者にとって不可欠なものになっている。今日の、そして、これからの混迷が続く時代にあっては、予見・先見能力と問題回避・機会活用能力が成否の決め手となる。これまでのように、問題が発生してから対応策を考えるのではなく、問題が起きる前に、その可能性を予見し、問題発生を未然に防ぐことに力点を置き変えるべきなのである。

「将来のことをどれだけ研究しても、予想は常に裏切られる。しかし、茫然とすることはなくなる」（ケネス・ボールディング）。

⒂　危機を防止できる

パラダイムのサイクルやシフトをしっかり掴み、常に未来を予測してゆくパラダイム発想法は危機管理に大いに有効である。

⒃　現象から本質がわかる

一般に物事には、きわめて抽象性の高い本質と五感で感覚できるレベルの具象性の高い現象の両極があり、その中間にも多段階の階層がある。そして、われわれは、本質に近づけば近づくほど、より広い応用範囲を得ることが可能になる。

それゆえに、われわれは常に物事の本質に近づくための手法開発・育成に努めなければならない。そしてその手法の一つが、パラダイム発想法なのである。

パラダイム発想法は、五感で感覚できるさまざまな現象を、より本質的なもの（パラダイムなど）の徴候とみて、その根底、背後にあるより本質的なものを探索してゆく方法である。現象（形）は心の表われであり、その心（本質）がわかれば、混沌とした諸現象の多くは、分類、整理できるというわけである。

かくして、本質がわかれば、諸現象の多くがわかってくるのである。そこには、心と形の相互関係が形成されてくるからである。

⒄　経営や生き方の真髄を教えてくれる

パラダイム概念は、経営や生き方についての本質・真髄・ベストウェイを教えてくれる。すなわち、経営の本質とは、パラダイム・シフトに適応し、パラダイム・シフトを存分に活用し、さらにはみずからが、パラダイムそのものを創造、開拓、活用してゆく営みといえるからである。

企業の栄枯盛衰や経営成果の良否は、その大半をパラダイム・シフトにいかに対応したか、といった視点で語ることができる。

長期に亘って発展を続ける企業は、いくたびかのパラダイム・シフトにうまく適応してきた結果であり、潰れた企業はパラダイム・シフトに適応できなかったことの証左である。

人生や日常生活においても同様である。パラダイムは、地球レベルのビッグサイズのものから、日常生活の微細なものまで実に幅広い分野に存在しているが、それらすべてのパラダイム・シフトに適応してゆくことが必要なのである。幸福な人生を希うならば、関係する全領域のパラダイム・シフトに適応してゆくことが必要なのである。生活や経営の破滅、それら原因の多くがパラダイム・シフトに対する不適応から生じているからである。

以下には、企業の栄枯盛衰についてよく知られている例をいくつかあげてみよう。

一つは、百貨店の凋落である。近年、倒産や店舗撤退は日常茶飯といえる。伝統と好立地にあぐらをかき、流通革命の何たるかも理解せず、みずからは何ひとつの努力もせず、場所貸しの不動産屋になりさがった結果が現在の姿なのである。

二つは、ＩＢＭがパソコン化のパラダイムに気付かず、駆け出しの企業に王座を譲ってしまったことである。

最後は、業界ぐるみの例である。全滅した石炭会社や低迷を続ける紡績会社をみるがよい。これらはいずれも過去のパラダイムにこだわり続け新しいパラダイムが目に入らなかったことの結果なのである。

⑱　卓越した仕事・経営そして幸福な人生を約束してくれる

ここでは、パラダイム発想法を活用することによって得られる偉大な効用についてまとめておきたい。それをひとくちでいうと、仕事、経営、日常生活など人生のあらゆる分野を卓越化させ、人類の幸福に多大の貢献をすることである。

激動、混沌の時代においては、パラダイムの動向に常に気を配り、柔軟に対応してゆくことがもっとも重要になるが、パラダイム発想法は、そのことを心底より認識させてくれるからである。

なぜならば、パラダイムを核に据えて、世界をみるとき、そこでは当然のごとく、パラダイムというものの不確定性、有限性、したがって、変化性が理解できるからである。さらには、パラダイムにもライフサイクルが存在するということもごく自然に認識されてくるのである。

かかる事情が真に理解できると、己のパラダイムをかえることに躊躇しなくなるのである。営々と築きあげてきたものを一挙にして失うことになっても、それを喜んで受け入れられるようになるのだ。

人が変化に強い抵抗を示すのは、変化することによって失うものが多いからである。しかも、かわったことで得られるものは、当初は余りにも小さい。しかし、かわらなければ、得るものは永遠にゼロなのである。

かわることを潔しとし、積極的にかわろうとすることへの理論的根拠を与えてくれるものがパラダイム発想法なのである。

未来をより正確に予測、予見し、柔軟性をもってかわってゆきさえすれば、経営、仕事、生活……すべての面に亘って、あらかたのことはうまく運んでゆくものなのである。

逆にいえば、物事がうまくゆかないことの原因は、その多くがパラダイム・シフトに対応できていないからであり、さらにその原因は、かわることができずにいるからである。

パラダイムが硬直していると悪魔の声しか聞こえてこないが、パラダイムがしなやかであれば女神の声が聞こえてくるのである。

⒆　五感が鋭敏になる

パラダイムをもって物事に対処すると、五感は鋭敏となり、何事も、よく観え、よく聞こえ、よく味わえ、よく匂う、のである。

⑳ 比較・対比の軸・尺度となる
軸があるから左右がみえる。
軸があるから前後左右のズレがわかる。
軸があるから乱れや反対もみえる。
軸があるから、ズレや違和感がわかる。
尺度があるから測定できる。
㉑ 個人差がわかる
パラダイムに対する認識の仕方をみることによって、個性と個人差を知ることができる。
㉒ 人材が育成される
環境適応能力や問題解決能力の開発にはみるべき効果がある。
㉓その他の機能・効用
以上のほかにもなお多くの機能・効用がある。
たとえば、意欲の高揚や変化が常態で平穏が異常との認識が深まる、などである。

八　パラダイム発想法の活用

それでは次に、パラダイム発想法の具体的な活用法について、分野ごとに述べてみたい。

1　主体別の活用法

(1)　経営者・管理者

まずは経営や管理面への活用法である。経営・管理面への活用においてもっとも大切なことは、経営計画や戦略策定などあらゆる計画、目標、方策等々の立案・策定にさいしては、それらの大前提として、必ず、パラダイムの過去、現在を知り、そこから未来をよりよく予測、予見し、それらを存分に生かすことである。

パラダイムを無視し、あるいは誤解した計画や戦略は絶対に成功することはないのである。パラダイム・シフトを予見したうえでかつ、その土台の上に構築されなければならない。しかも、視野に入れるべきパラダイムの分野は、これまた、余りにも広くかつ奥が深い。とりわけ、中・長期的な計画や戦略についてはパラダイム・シフトをいかに予見するかで勝負が決まるといっても過言ではない。

次は、計画分野だけにとどまらず、実践現場における活用である。それは日々に経営・管理を実践してゆくなかで、パラダイムの動向・変化を察知し、それを日々の経営・管理に生かしてゆくことである。そのためには、いかに小さなものであっても、パラダイム・シフトの徴候、たとえば、変則性や閉塞状態、異常行動などを見逃さないことである。

パラダイム・シフトへの取り組み姿勢が企業の優勝劣敗を決めることになる。

さらには、会社の、部門の、そして経営者、管理者としてのパラダイムを構築、改変してゆくことである。すでに述べたように、パラダイムが成立、存在する、そしてさらに存在させるべき分野は広範である。国レベルのものだけではなく、会社、部門、そして個人のレベルにも存在させるべきなのである。

社長は会社の、部長は部の、課長は課の、パラダイムを創設、変更してゆくのである。そして、この段階においては、自らが部下の模範となることが前提となる。陳腐化したものは率先して破壊し、新しいパラダイムにかえてゆくのである。

最後は、部下それぞれがパラダイムを創成、活用、変更しやすくするため、また、経営者や管理者のパラダイムを納得して受容させるために、それらが促進される支援策と環境づくりを積極的に進めてゆくことである。

組織内においての卓越したイノベーションやパラダイムの種となる発想は、あくまで生身《なまみ》の個人からでてくるものなのである。それゆえに、もっとも大切なことは、企業、部門、個人それぞれが卓越したパラダイムの創造がしやすい企業文化、職場文化を形成することである。

(2)　リーダーへの活用

現今のごときパラダイム大転換の時代におけるリーダーの役割はきわめて重要である。なぜならば、リーダーは大小さまざまのパラダイム・シフトを部下や上司よりも素早く察知し、部下や上司など関係者をその方向に導くことが要請されるからである。そのためには、まず、己の全身を感覚器官となし、業務に関係するあらゆる分野のパラダイムの変化、動きを感知し、次にはパラダイムが進む方向へ部下や顧客などの関係者を導かなければならない。しかし、それは実にむずかしい。

モノ時代の高成長期では、多くのパラダイムが長く安定し、かわることが少なかった。それゆえ、パラダイムについて気を使うことは稀であった。

だが、しかし、低成長、心の時代の今日にあっては、パラダイム・シフトは多領域、多様、過激、超高速、しかも地球規模でやってくる。リーダーはかかるなかにあって、パラダイムとパラダイムの間を導いてゆかなければならない。

(3)　ビジネスマン個人としての活用

仕事をしている個々人にとって、パラダイム発想法の活用分野は大別して二つがある。

その一つは、日常の仕事においての活用であるが、今、自分のやっている仕事やそのやり方は、いかなるパラダイムに基づいて行っているのか、また、そのパラダイムはライフサイクル上ではどこに位置するのか、について常に考える習慣をつけることである。

それを確実に実行してゆくと、実にさまざまなものがみえてくる。まずは、自分がやっていることやその方法と、世間、顧客、自社、上司など自分以外のパラダイムとのズレや不一致《アンマッチ》がわかることである。まったく意味のないことや効果の低いことをやっていたり、酷《ひど》いのになるとマイナスになることを真剣にやっていたりすることさえあるのだ。その多くが古いパラダイムにとらわれ、こだわり、かたよっていることから生じている。

ズレがわかれば修正するのは当然である。

その二つは、己を取り巻くあらゆる世界についてパラダイムを正しく認識し、またみずからも創造してゆくことの必要性である。現今のごとく、世界が複雑、混沌、激変の状況にあるときには、それぞれの分野にしっかりしたパラダイムをもって、それをもって雑多な現象の物差しにすることが必須である。そうでなければ仕事とそのやり方を評価することができないのである。何事に対しても己自身のパラダイムを正しく、多く、しっかりともつことこそが肝要なのである。

(4)　私人としての活用

家庭生活や趣味など私生活の面においてもパラダイム発想法の利用できる分野は広い。たとえば、パラダイム・シフトの一つに、規制強化から規制緩和へ、というのがあるが、そこから派生することの一つに、自己責任の原則がある。規制緩和で市場原理を拡大したものがかなりあるが、そこでの取引きはあくまでも自分の全責任で行うことになるのだ。それらにはたとえば、預貯金、証券、債券等々があり、どの金融機関でいかなる商品を選ぶかは、全て自分自身の責任で行うことになるのである。

今日では、主婦専業の人も、年金生活者もパラダイム・シフトから無縁では生きられない。金利はゼロに近くなり、年金パラダイムの動向をみても徐々にしかし確実に受け取る額は減少する。消費税が十％になるのは時間の問題であり、年金生活者には地獄が口を開けて待っているのだ。

環境ホルモンはいつわれわれを襲うかもしれない。環境破壊からいつなんどき、手厳しい仕返しをうけるかもしれない。凶悪犯罪も激増している。いつ被害者にならないとも限らない。

要は、私生活においても、パラダイムのライフサイクルとその変化《シフト》をしっかりとつかみ、その波及効果や影響を予測し、対応策を立ててゆくことが、必須になってきたのである。「自分のことは自分で守らなければならない」ということを心底からわからせてくれるのもまた、パラダイム発想法の偉大な効用なのであり、したがって、そのことを日常生活の中にうまく取り込んでゆくことが賢い生き方なのである。

2　機能的活用法

以上には、主体別の活用法について述べたが、ここではパラダイム発想法がもつ偉大な機能、効用についての活用法について述べておきたい。

(1)　認識機能

パラダイムのライフサイクルとその変化《シフト》をしっかりフォローするだけで世界（森羅万象）をかなりの正確さで認識することができる。ごく卑近な例をあげてみると、毎日の新聞・テレビ・ラジオなどで報道される夥《おびただ》しい量の情報も、図表1―1に例示したようなパラダイムシフトを軸にして見聞きすると、瞬時にして理解が可能になる。日経の四十頁も五分もあればすべて読みとることが可能である。

毎日のごとく報じられるM&Aは世界大競争パラダイムからきており、年俸制や契約制などの導入は実力主義・成果主義パラダイムからの結果なのである。短大の閉鎖が相次いでいるがこれまた少死少産化パラダイムからの当然の現象なのである。

それでは何故にそれほどの認識ができるのか。それは機能・効用《メリット》のところでも述べたように、支配的・根源的な〝枠組み〟を使って物事を把握してゆくからである。

大きな枠、中位の枠、小ぶりの枠といったように認識対象に合わせた枠をはめて対象を切り取ってゆくのである。日々刻々のさまざまな諸現象はそのほとんどがいずれかの枠の中に納まるというわけなのである。

競争相手を知るには、その企業のパラダイムを知る、商談が始まる前にその顧客のパラダイムを知るのである。

また、パラダイムには、あるべき姿、基準、規範、モデル、物差し、尺度といった機能《はたらき》があり、それらを認識対象に当てはめるところから、おのずと対象の姿が鮮明にみえてくるのである。

パラダイムはさらに切り口、アプローチ法としての機能があり、混沌とした世界を切り取るのが容易になるのである。

(2) アイデアの発掘・創造性の開発

次の活用法は、アイデアの発掘など創造性の開発である。パラダイムのライフサイクルとその変化《シフト》を軸に発想してゆくとアイデアや知恵は湯水のごとく湧いてくる。

では、なぜ無限に近いアイデアが迸《ほとばし》るのか。

その一つは、パラダイムという、あるべき姿、基準、尺度、物差し、をもっていることから、それと現実、現象との間に常にズレ、ギャップ、違和感が生じてくるからである。すでに述べたがごとく、理論上、パラダイムには善悪の双方があるが、概していえば善玉の方が多い。しかし、善悪いずれにしても、パラダイムが存在する以上そこにはズレが常に発生する。

その二つは、パラダイム間におけるズレの発生である。国、企業、個人それぞれにおいて同一の対象に対しても異なるパラダイムをもつ場合は多い。個性の違いはパラダイムの違いから生じている場合もある。

第三は、パラダイムについては、影響や未来予測を常に行うことから、幾多のアイデアが湧き出てくるのである。

(3)　改善・改革・革新

もちろん、それらのアイデアが前提となるが、パラダイム・シフトやライフサイクルなどを軸足にしてゆけばおのずと適応のための改善・改革・革新に向かわざるを得ないのである。常になんらかのズレが発生するからである。この点がパラダイム発想法の優れた特徴なのである。

(4)　新業務・新事業の発掘

パラダイム・シフトとサイクルを追うとそこには必然的に新業務や新事業がみえてくる。インターネット革命というパラダイムからは多数のニュービジネスが誕生している。高齢化パラダイムからも、介護ビジネスを土台に幾多のニュー・ビジネスが生まれている。

新規業務、新規事業には、二つの種類がある。一つは今までに存在しなかったまったく新しい業務や事業、いわゆる発明や創造であり、もう一つは規制緩和などにより新規に参入が可能になった分野である。銀行や証券などの相互参入などがその例である。

(5)　環境変化への対応

経営とは環境適応業であり、それは個人においてもまったく同様である。パラダイム発想法は環境の変化をより広く、より早く、より正確に掴むことを大きな狙いにしている。パラダイムのシフトやライフサイクルを重視することでそれが可能になるからである。

いずれにせよ、パラダイム発想法は経営や日常生活の環境変化に対応してゆくに当って多大の効果がある。

(6)　能力開発・人材育成

激変、混迷の今日、仕事に必要な能力もかわってきた。世界を分類・整理できる能力、独創性、創造性、革新能力、予見、洞察力、知の構造化・体系化能力……等々である。新しい時代には新しい能力が必要とされるが、それらほとんどの能力を開発・育成してくれるのがパラダイム発想法なのである。

(7)　危機管理

ITなど科学技術の発達は多大のブラックボックスを生み出し、その危機《リスク》たるや甚大なものがある。しかるに、パラダイム発想法は、科学技術その他すべてについてシフトやサイクルでフォローしてゆくことから、リスク予防や対応策にも大きく活用できるのである。

(8)　戦略策定

戦略の要素には長期性、創造性、総合性、革新性等々があるが、パラダイム発想法はそれらのすべてを内包している。パラダイム発想法を活用すれば戦略策定はできたも同然である。

(9)　卓越経営・卓越企業《エクセレントカンパニー》

かくして超一流の卓越経営となり、企業もまた卓越企業《エクセレントカンパニー》となる。

(10)　個人のアイデンティティの確立

いかなるパラダイムをもつかで、アイデンティティの重要な部分が決まる。

(11)　日常生活への活用

パラダイムは日常生活の全ての面に活用できる。

(12)　幸福な人生・永遠に発展する企業

かくして、個人も企業も共に幸せなのである。

3　具体例—先手必勝

自分の将来は、自分でつくらなければならない。そうしないとほかの誰かに自分の将来をつくられてしまうからである。過去二十年間をふり返ってみよう。それは大混迷の連続であり、今もそれが続いている。過去に正しかったことが、今では悪となり、昔、不可能であったことが、今では普通のことになっている。過去二十年間に起こった大きな変化をみる。

- 金融、通信、運輸……等々の規制緩和
- 政党の離合・集散
- 労組の弱体化
- 情報化社会、バーチャル・リアリティ
- 日本語の乱れ
- フリーセックス、同棲
- 衛星通信の普及
- スモール・イズ・ビューティフル

- 経済成長万能主義への反省
- リストラ
- 情報通信革命―インターネットなど
- 光ファイバー
- ケーブルテレビの普及
- 移動電話、携帯電話の普及
- ファックス送信の普及
- 高温超伝導
- 省エネ
- 環境問題への関心
- 健康食品への関心
- 遺伝子、太陽熱、水素、核分裂
- 晩婚、離婚増、少産、少死、高齢化
- 政府の巨額の赤字、借金王国（国債増発）
- 高進学率、大学の大衆化
- フラクタル・カオス

●ガイヤ（地球）……等々

このようにかわってしまったのはなぜなのか。それは、生活のルールと規範がかわったからである。すなわち、パラダイムがかわったからなのである。

それでは、このようにかわることが予めわかっていれば何ができたであろうか。

たとえば、規制緩和からは新規参入の可能性が高まるし、環境問題からも新しい産業が生まれてくる。端的にいえば、先に例示したがごとき大きな現象・結果からは種々の新規参入や新製品、新サービスの機会が生まれるのである。

どんな仕事をしていようと、変化を予見できる人とできない人とでは大差がつくのだ。予見できていれば十分な準備をすることができるし、少なくとも虚を衝かれることはない。うまくゆけば、会社をおこせたかもしれないし、株などで億万長者になれたかもしれない。変化を察知できれば、大きな機会《チャンス》が開けるのである。

しかし、変化の結果や現象だけみていても後の祭りなのである。予測、予見できなければ勝負にはならないからだ。パラダイムがわからないと変化は読めないということである。

九　パラダイム発想法普及の障害と対策

(1)　問題点

以上にはパラダイムについてみてきたが、新《ニュー》パラダイムの普及・発展は通常遅々として進まない。そこで以下には発展を阻害する理由と対策について述べておきたい。パラダイム発想法もまた、新《ニュー》パラダイムの一つである。

一つは、変化に対する恐怖心である。パラダイムという概念には、当然のごとく、変化《シフト》が想定されている。変化すれば、旧パラダイムは全面的に否定され、すべてが御破算となりゼロの振り出しに戻ることになる。それまで努力を重ねて築きあげ獲得した知識、技術、情報、人脈……等々、あらゆるものが御破算になるのだ。これはまさに恐怖そのものである。

しかも、長く、深く、多くもっている人ほど失うものが大きい。執着し、熱心に取り組んでいる人ほどこだわりが強い。経験を重ね年を重ねるほど失うのが恐い。過去の輝かしい成功体験が忘れられない。

かくして、新《ニュー》パラダイムへの移行が遅れてしまうことになるのである。

二つは、現行パラダイムに自信をもっている人、深入りしている人、成功体験の多い人、現在の効果が大きいこと……等々により、現行パラダイムの視点、枠組みでしか物事をみない、みえないことから、新しい動きを知覚できないことである。現行パラダイムというレンズでみると、現行パラダイムしか目に入らないのである。

困ったことには、彼らは現行パラダイムに熟達し、自信と誇りをもち、成果をあげ、企業に貢献し、現在のやり方にいささかの違和感も痛痒も感じないのである。どっぷりつかって、満足していることから、新しいものはいささかもみえないのである。

三つは、明治維新以来、先進国の文物を真似、結果タダ取りだけに専念し、自分の頭で考えることを怠ってきたことから、思考能力が失われていることである。要するに、考えることがいやなのであり、できないのである。

最後は、現行の慣れたパラダイムに従っておけば、楽ができることである。新しいことを考えなくてよいからである。

以上にはパラダイム発想法が普及しにくい理由についてみてきたが、次に、その解決策について考えてみたい。

(2)　解決策

一つは、意識的、戦略的に、組織にゆらぎを起こす異端者、変わり者を投入する方法である。平穏にかつ順調に運《はこ》んでいるかにみえる組織にゆらぎをかけるのである。彼はいわば〝触媒〟となるのだ。組織内の人たちに、新しい芽が出つつあることを気付かせるのである。

二つは、社外講師などを招いて、パラダイム・シフトについての学習を徹底して行うことである。現行パラダイムに自信と誇りをもち、かつ、実績もあげている主流派に対しては、何回も何回もインプットし続けなければならない。

三つは、ハミダシ者を集めた組織をつくり、そこで、商品開発や新事業開発など自由な活動をさせ、新《ニュー》パラダイムの必要性を社内全体に知らしめることである。

最後は、M&Aや組織改革など制度面からの外圧を加えることである。形から入る方法である。日産自動車にルノーから入ってきたゴーン社長が好例である。

第二章　パラダイム発想法の実践——応用編

第一章ではパラダイム発想法の本質につきその理論を述べてきたが、本章ではその実践法についてみてゆきたい。その論述に当っては、膨大な項目の中から、代表として十項目を選定して解説する方法をとっている。

以下が、代表の十項目である。

第一は、思想・科学領域の科学方法論分野より、「機械論パラダイムから生命論パラダイムへ」を選定した。

第二は、同じく思想・科学領域の世界観分野より、「単純系から複雑系へ」を選定した。

第三は、政治領域の改革分野より、「規制強化から規制緩和へ」を選定した。そこには、平成不況を吹き飛ばすほどの新規事業参入、創業への機会を知ることができる。具体的には、十四項目の中から、①流通、②金融・証券・保険、③雇用・労働、の三つを代表として取り上げた。

第四は、社会領域の人口分野より、「ピラミッド社会から、高齢化社会へ」を選定した。

第五は、経営領域の経営者・リーダーシップ分野より「全員商法上の取締役から、執行役員制へ」を選定した。

第六は、経営領域の経営資源分野より、「個人の突出力」を選定した。

第七は、経営領域の情報分野より、「インターネット革命」を選定した。

第八は、経営領域の安全性分野より、「危機管理」を選定した。

第九は、経営領域の制度・慣行分野より、「年功序列制から、成果主義へ」を選定した。

第十は、経営領域のモチベーション分野より、「ストックオプション」を選定した。

以上の十項目によって、全体を代表し、全二百二十二項目の活用法についてのご参考に供したい。

一　生命論パラダイム

思想・科学領域からは、科学方法論分野より、「機械論パラダイムから生命論パラダイムへ」を、そして世界観分野より、「単純系から複雑系へ」をご紹介する。

これら二つのパラダイムは、政治、経済、社会、経営……等々あらゆる方面に多大の影響を及ぼす、非常に基本的なパラダイムなのである。

そこでまず最初に取り上げるのは、機械論パラダイムから生命論パラダイムへ、である。ここでは、それを①生命論パラダイム前史と、②機械論パラダイムから生命論パラダイムへ、に分けて述べることにする。

1　生命論パラダイムの前史

(1)　近代科学の成立

それでは生命論パラダイムに入る前に、その前史をごく簡単に述べておきたい。

まず、最初に出てくるパラダイム・シフトは、天動説から地動説へ、である。そして、この典型的な例は、単に天文学という一学問分野を超えて、中世的な世界観から近代的な世界観へと大きな転換を遂げてゆくのである。

次に出てきたのが、天動説から地動説へのパラダイム・シフトを一つの契機として確立された「近代科学」である。この近代科学とは、機械的世界観と要素還元主義を両輪とする、機械論パラダイムの上に成立するものなのである。

ここで、機械的世界観とは、「世界はいかに複雑に見えようとも、結局は一つの巨大な機械にすぎない」という発想に基づく世界の見方である。また、要素還元主義とは、「何かを認識するためには、その対象を要素に分割・還元し、一つひとつの要素を詳しく調査・分析したのち、これらの結果を再び集めればよい、すなわち、分析と総合という手法」である。

かかる近代科学の根底には、「世界は巨大な機械であり、この機械を理解するためには、これを分解し、詳細に仕組みを調べれば良く、この機械を利用するためには、機械を適切に設計し、制御すれば良い」との考え方が存在している。

しかし、機械論パラダイムの輝かしい成功のうちにも限界がみえてきつつある。その限界とは、「全体を分割するたびに、大切な何かが失われてゆく」という問題である。言い換えれば、「全体は部分へと分割することはできるが、一度分割した部分を再び組み合わせても、元通りの全体に復元することはできない」という事実である。

かかる問題が生じるのは、われわれが対象とする世界がさまざまな要素によって有機的に秩序づけられた「関係性の織物」「関係性のネットワーク」であり、ひとたび部分に分割した瞬間に「大切な何か」が失われてしまうからである。

次に問題となるのは、対象を要素に還元し、分析するさいに、重要でないと思われる何かを捨て去ってゆくが、その判断に誤りが生じることである。その判断は分析前の仮説でしかないにもかかわらず、それが採用されると、その仮説は正しいもののごとく取り扱われることがある。ここには、要素還元主義から派生する「近似主義」の〝落とし穴〟があるのだ。

(2)　ニューサイエンスの誕生

この機械論パラダイムに大きな打撃を与えたのは、アインシュタインの相対性理論に始まり、一九二〇年代に至って確立された現代物理学の動向である。それは皮肉にも、当時の物質科学の最先端にあった量子力学が機械論パラダイムにシフトを迫ったのである。ボーア、ハイゼンベルクらのいわゆるコペンハーゲン解釈がその明確な表現である。

彼らは、近代科学の生命である、因果律と客観的な世界を否定すると同時に、観測者の重要性を強調し、主体と客体の不可分を論じたのである。

ハイゼンベルクの不確性原理によれば、量子の世界においては、時間を確定すると空間が確定できなくなり、逆に空間を確定すると時間が確定できなくなるという。量子力学は、還元主義の手法を徹底的に突き詰めていったものである。しかし、それが行きつくところまでいったとき、客観的事実というものを確定できなくなってしまったというのである。

いわゆるニューサイエンスは、このボーア、ハイゼンベルクの流れにつながっている。客観性という神話が崩れてしまった時点からニューサイエンスが生誕したのである。

(3)　二十一世紀の問題

工業文明・科学技術を特徴とする二十世紀に続く二十一世紀は、いかなる世紀になるのか。まずは地球規模の極めて深刻な問題が続出してくることだ。たとえば、人口爆発、食糧不足、資源枯渇、エネルギー危機、環境汚染、成長の限界……等々である。

これらグローバル・プロブレムの解決は、国家の利害を超えた世界共通の最優先課題であるが、その解決が「科学技術」の発達のみによっては解決できないことから問題をさらに難しくしているのである。では、どうすれば良いのか？

地球温暖化防止の例をあげてみる。防止のより効果的な対策は、たとえば、発展途上国における森林破壊を防止することであり、先進国における民生分野での省エネルギーを進めてゆくことである。しかし、こうした対策を実行するためには、新しい技術の開発だけでなく、社会システムの改革やライフスタイルの変革に正面から取り組むことが必要となる。

このように、「地球規模の諸問題《グローバル・プロブレム》」を解決するために、いま真に求められているのは、科学技術万能の幻想に基づく新技術の開発ではなく、グローバル・システムとしての社会システムの改革であり、グローバル・マインドに基づくライフスタイルの変革に他ならない。

さらにわが国においては、以上のほかにも解決すべき重大な問題がある。それは、世界有数のトップ・ランナーとなったことから生ずる「成熟社会の諸問題《フロンティア・プロブレム》」である。たとえば、社会・経済の領域では、人口の高齢化、価値の多様化、無気力・無能力などの皆無化、社会的費用の増大……等々がある。

もちろん、こうしたフロンティア・プロブレムは、産業・経営面や科学・技術の領域などきわめて広い範囲に及んでいる。

これらの諸問題は、海外においても過去に前例がないためわれわれ自身が創造的に解決してゆかなければならないのである。

それゆえに、いま真に求められているのはこうしたフロンティア・プロブレムを有効に解決できる、新しい思想と理論である。

(4)　パラダイム・シフトへの期待

先にも述べたごとく、われわれはいま、二つの重大問題に直面している。そして、地球規模の諸問題を解決するためには、新技術の開発だけではなく、社会システムとライフスタイルを変革するという困難な課題に取り組まなければならない。さらに、成熟社会の諸問題を解決するためには、社会、政治、経済、文化、企業、人間などに関する新しい思想と理論の創造が必須なのである。

そして、結果的にみて、それらの思想・理論・方法はまだみいだしているとは言い難い。

しかし、知の諸領域において、いま、注目すべき潮流が生まれつつある。近年、さまざまな分野において、生命体や生態系の優れた特長に学ぶ、新しい思想と理論が創造されているのであり、それこそが生命論パラダイムなのである。

(5)　生命論パラダイムへ

以上に述べてきたごとく、近代から今日までの支配的な科学、学問のパラダイムは、機械的世界観と要素還元主義を両輪とした「機械論パラダイム」である。しかもこの機械論パラダイムは、現在および未来においてもなお有効なパラダイムであることにかわりはない。

しかし、機械論パラダイムを徹底的に突き詰めてゆけばゆくほど機械論パラダイムでは説明できない世界が浮かび上がってくる。かくして、新しい世界を説明できる新しいパラダイムが必要になってきたのである。

それこそは、二十一世紀において大きな潮流となる「生命論パラダイム」である。それは生命的世界観と全包括主義を両輪とする新しいパラダイムなのである。もちろん、従来の機械論パラダイムに取って代わるというのではなく、両者は共存、共栄して、相乗効果を発揮してゆくのである。

2　機械論パラダイムから生命論パラダイムへ

科学分野におけるパラダイム・シフトの歴史を概観してみると、そこにわれわれは、機械論パラダイムから生命論パラダイムへの大きな流れを知ることができる。

もちろん、機械論から生命論へシフトしたとはいえ、いまなお、主流は機械論パラダイムであることに変わりはない。そのあたりをパラダイムサイクルでいえば、機械論パラダイムは成熟期であり、生命論パラダイムは萌芽期である。

以下には、二十七のサブパラダイムの内、十のそれについてのみ簡単な解説を行う。

(1)　要素還元手法から全包括手法へ

機械論パラダイムから生命論パラダイムへのシフトを構成するサブパラダイムの第一は、要素還元手法から全包括手法へ、である。前者は、世界（対象）を要素に分割・還元し、分析・総合する方法であり、後者は、世界（対象）を全体性、ありのままにおいて把握する方法である。そして、要素還元手法は、全体と部分、因果律などを明らかにするなどで経営、仕事、日常生活など人生のあらゆる面に効果的な方法技術を提供してくれる。現実的にも何かを理解しようとするとき、何かの問題を解決しようとするときなどには、ごく自然のうちに、われわれは要素還元手法を用いているのである。われわれにとってみれば、むしろ使い惜しみをしている感さえあるのだ。産業界などでも、合性《あいしょう》の良さから〝物造《モノ》り〟分野では充分に活用されているが、コトの世界においてはほとんど活用されていないのである。まだまだ活用分野は広く、有効な方法であることにかわりはない。

しかし、万能のごとくかにみえる要素還元手法にも限界がみえてきたのである。この方法では、「対象を分割するたびに何かが失われる」ことが分かってきたからである。一度分解した部分を再度組み立てても、元の姿には戻らない。特に生命分野・環境分野などにおいてそれが顕著なのだ。要素還元手法の行き詰まりの向こうに全包括手法という光がみえてきたというわけである。

もちろん、全包括手法が要素還元手法に全面的に取って代わるというのではない。両者はあくまで補完関係にあることを忘れてはならない。

それでは、生命的プロセスとしての世界の本質と全体像を、分割によって何かを失うことなく、全包括的に理解・把握するにはどうすればよいか。すなわち、「全包括主義における世界認識の方法とは何か」ということである。あえて言えば次の三つがある。

一つは「コスモロジー原理に基づく方法」である。この方法は、「世界に〝対立〟はなく、総ての〝認識〟は真理である」という世界観に基づき、対象の本質と全体像に到達する方法である。そこでは、二元論や二項対立によって世界の分割を固定化することを避け、相対するように見える要素をも同時に、一つの世界観の中に受容・包摂してゆくのである。視点をかえれば、弁証法的な方法ともいえる。

二つは、「フィールドワーク原理」に基づく方法である。この方法は、「世界の〝真理〟はフィールドにあり」という世界観に基づき、フィールド（実際の現場）における対象の生きた姿に直面し、体験し、体感することにより、対象の本質と全体像を把握する方法である。

最後は、「メタファー原理」に基づく方法である。この方法は、「世界は真理のメタファーである」という世界観に基づき、世界を構成する諸現象に含まれる「メタファー」を洞察することにより、世界の本質と全体像を認識する方法である。

禅の公案やユング心理学の「夢分析」や「シンクロニシティ」（共時性）などの考え方の基底にある「象徴」や「物語」などの概念も、メタファー原理による知の獲得方法なのである。

これら三つの方法は、要素還元主義による世界認識の方法にとって替わるものではなく、両者合わせ、補完しあって、より高次の認識に至るのである。

それでは、以上のごとき包括的手法をいかに活用するのか。

以下のごとき環境変化により、経営や仕事、生き方や日常生活への活用余地は無限に近いものがある。環境変化の第一は、世のなかのあらゆる分野の複雑性が増し、かつ余りにも急速に進み、分解・

分析、因果律に頼る要素還元手法が活用できないケースが増えてきたことである。高度の複雑さは予測可能性や因果律の成立を阻むのである。

複雑化の原因は多々あるが、その主要なものにはたとえば、グローバリゼーションなどの空間の拡大、成熟化社会からくる価値観の多様化、高度化する情報通信、技術革新の加速……等々がある。

環境変化の第二は、経営を始めあらゆる分野における超高速化である。余りの速さに、じっくり分析する時間などとれない場合が増えてきているのである。そこでは文字通り、パッと判断し、パッと結論を出さざるを得ない場合が急増しているのである。

それではかかる環境下における、全体の、あるがままを理解するにはどうすればよいか。

その方法には、以下の三つがある。

その一つは、目的発想法の活用である。ある一つの全体状況をきっかけにして、目的手段体系を構築する方法である。たとえば現在流行《はやり》のM&Aや実力主義、成果主義などについても、なんの為にやるのか、について目的手段で体系化すれば本質と全体像が把握できるのである。

その二つは、パラダイム発想法の活用である。とくにパラダイム・シフトを充分把握しておき、その中に当該事態、状況を位置づけてみる方法である。

最後は、直感である。向上心をもち経験を重ね、それぞれの分野を極める努力をしてゆけば、直感も立派な認識方法の一つになる。

以上三つはもちろん、合わせて使えば良い。

(2) 機械的世界観から生命的世界観へ

第二のサブパラダイムは、世界を巨大な機械とみる機械的世界観から、世界を大いなる生命体とみる生命的世界観へのシフトである。

世界を生命体としてみることによって、われわれは生命体や生態系から余りにも多くを学ぶことができるのである。一例をあげると、産業や経営の分野では、企業の寿命、企業の進化、未来適応企業、ホロン型経営、ゆらぎと自己革新、自己組織化、シナジー、共生……等々のキーワードが用いられているのである。

たとえば、近年、組織、社会、都市などを、一つの「生命体」とみなす発想が増えている。経営学の分野では、企業の寿命や進化が、経済学ではエントロピー経済学が、そして、都市論ではメタポリズム型都市が論じられている。

地球環境論では、地球そのものを〝巨大な生命体〟とみなす「ガイヤ仮説」が注目されている。この仮説は、ジェームズ・ラブロックによって提唱されたものであり、地球が、その内部の環境条件を常に一定に保つ「ホメオスタシス機能」を持つ、一種の生命体であるとする仮説である。

さらに宇宙論においては、宇宙の誕生に関して、宇宙が〝真空のゆらぎ〟から生まれたというラインフレーション宇宙論が提唱されている。

会社もまた、一つの生命体とみることにより、さまざまな発想が出てくるのである。

(3) 静的な構造から動的なプロセスへ

第三のサブパラダイムは、世界を「静的な構造」としてみる視点から、世界を「動的なプロセス」としてみる視点へのシフトである。たとえば、人間の肉体は、生理学的には一つの構造として理解されているが、その構成成分は、新陳代謝作用という生命的プロセスによって、日々新しい物質と置き替えられており、実体としての堅固なる「構造」は存在していない。

むしろ、生命の本質は、静的な構造にではなく、構造を一定に維持する「動的安定性」や、体内の状態を一定に保つ「恒常性維持機能《ホメオスタシス》」などのプロセスにこそあるといえる。

企業体や個人などあらゆるものを、恒常性を維持するための、動的なプロセスであるとする視点からは無限の知恵や発想が浮かんでくるのである。

(4) 設計・制御から自己組織化へ

第四のサブパラダイムは、世界を設計・制御する視点から世界の自己組織化を促す視点へのシフトである。機械論パラダイムでは、世界を〝巨大な機械〟とみなすため、世界を変革するための方法として、設計と制御が重視される。望ましい姿を設計し、それに向けて制御してゆくのである。全体を設計し、部分を位置づけるのだ。

他方の生命論パラダイムでは、世界を生命的プロセスとみなすため、世界を変革するための手法としては、自己組織化が重視される。

そして、この自己組織化を促進するには、二つの有力な方法がある。一つは、「未来ビジョン」の創出であり、二つは、「ゆらぎ」の意識的な導入と活用である。

たとえば、環境コストという「ゆらぎ」を市場システムに導入することにより、人びとの「環境に優しい商品の選択」などの行動を自己組織的に促進する方法である。

設計・制御の発想は、世界を巨大な機械とみなす機械論パラダイムから当然出てくるものであり、世界の改善や変革を図るための有力な方法である。

機械的な世界（対象）を望ましい姿に変革してゆくためには、まずは対象の構造を理解し、その理解に基づいて望ましい世界を設計し、望ましい状態へと世界を制御することが必要である。そこでは当然のことながら、個々は全体のなかに正しく位置づけられ、秩序化、構造化される。これはまさに、人間が自動車や工作機械を造るのと同じく工学的な発想なのである。

では、活用法やいかに？

現今においても物造りの世界においては、なお非常に効果的な手法であると共に、コトの世界においてもある範囲内で有力な手法である。因果関係の追求などでけっこう使われている。

次は自己組織化であるが、まずはその定義である。自己組織化とは、空間的、時間的に混沌とした中から、内部的な作用によって、自律的にある秩序を形成してゆく過程をいう。そのためには、非平衡開放すなわち、エネルギーの出入りのある状態が必要である。

自己組織化の例には、受精卵から一個の人間に成長する過程や群をつくる魚の行動などがある。

自己組織化という概念は、物理学と生物学の双方から認識されたが、よりよい理解を得るために生物学からの例をあげてみよう。

現在の知見によれば、個体の発生プログラムは遺伝的に初めから書き込まれているのではなく、そのときの状況に応じて、外部からの情報、または内部の情報によって新しい情報をつくりだし、みずから自己組織化してゆくのだという。そこには、遺伝子の仲間には存在しなくてもいいような、いわゆる〝無駄な遺伝子〟があり、それはくっついたり、はなれたり、あるいは組み合わさったり、さらに偶然も重なって新しい情報をつくってゆく。そして、その情報にそって自己増殖し、一定の方向性、性格とでもいうべき気質を自己組織化してゆくのである。

この自己組織化は、森羅万象にみることができる。そして、組織づくりや街づくりなど多くの分野に活用することができる。また、多くの社会現象を説明することにも役立つ。ある下町が突然のごとく自然発生的に繁華街に変身するなどは自己組織化現象で説明することが可能である。

次は、自己組織化という知の活用法であるが、自己組織化の〝放っておいてもどんどん勝手に増殖して秩序化してゆく〟という特性を存分に利用するのである。ここで放っておいても、とはいっても何か必ず〝きっかけ〟があるのだ。そのきっかけの仕掛けづくりをして、放っておくのである。企業組織や街の活性化に効果抜群の方法である。急に行列ができるようになった店、じわりじわり活性化してゆく組織……そこには必ず仕掛けられた、きっかけが存在しているのである。

(5) 連続的な進歩から不連続の進化へ

第五のサブパラダイムは、世界の連続的かつ漸次的な変化を求める「進歩」の視点から、世界の不連続かつ根底的な変容を実現する「進化」の視点へのシフトである。

機械論パラダイムにおいては、世界の変化は、機械が改良されてゆくような「連続的な進歩」のプロセスとして捉えられてきた。対して生命論パラダイムにおいては、世界の変化は、「連続的な進歩」だけでなく、卵から雛が孵化するような「不連続な進化」を遂げるプロセスとして捉えられる。

この不連続の進化を論ずるに当っては、イリヤ・プリゴジンが散逸構造理論において述べている「進化の未来は予測できない」という洞察が参考になる。もともと、生命論パラダイムにおいては、未来は客観的に予測可能なものではなく、あくまでも「可能性の未来」「開放系の未来」としてわれわれの前に横たわっている。

むしろ重要なことは、どのような「未来ビジョン」を求めて進むかである。

すなわち、想像力と創造力を駆使して豊かな未来ビジョンを描き、このビジョンを実現するための人為的努力を尽すことによってのみ、ゆらぎと自己組織化のプロセスが促進され、企業や社会の進化を促してゆくことができるのである。

では、それら二つの知をいかに活用するか。

現今のドラスティックかつドラマティックな経営環境をみるとき、最早、連続的な進歩に頼ることは賢明とはいえない。不連続の進化を当り前と考えることが必要である。

そこでは、目的発想法その他によって常に当為を創造してゆくことを習慣化すべきである。常に創業、起業する姿勢で仕事に取り組むことが必要となってくるのである。

(6)　フォーカスの視点からエコロジカルな視点へ

第六のサブパラダイムは、世界を構成する部分の詳細に注目する「フォーカス」の視点から、世界全体の「関係」へ視野を広げる「エコロジカルな視点」へのシフトである。この視点の転換は、コスモロジー原理による知の獲得方法としても重要である。

機械論パラダイムでは、分割された対象に対して個別に焦点を当てて分析してゆくという「フォーカスの視点」が重視されてきた。しかし、生命論パラダイムにおいては、逆に、対象を「全体像」として把握し、さらに対象の周辺へと視野を広げると共に、対象の深層へと視野を深めてゆく「エコロジカルな視点」が重視される。

要素還元主義の分割によって見失われるのは、まず、対象とする要素が周辺の要素との間で取り結ぶ、豊かな「関係性のネットワーク」である。そして、これら「関係性のネットワーク」を、一つの「生態系」として理解する視点が、「エコロジカル《生態学的》な視点」なのである。

この知の活用法は、何事についても、全体像と関係性を重視する姿勢である。

(7) 他者としての世界から自己を含む世界へ

第七のサブパラダイムは、世界を「他者」としてみる一方向的な視点から、世界を「自己」をも含んだものとして見る双方向的な視点へのシフトである。この視点の転換は、先の「フィールドワーク原理」による知の獲得方法としても重要である。

機械論パラダイムにおいては、「世界を認識する主体（自己）は、世界から独立した存在であり、したがって、客観的な世界認識が可能である」とされていた。

しかし、こうした「客観性の前提」は、現代物理学においてさえも、量子力学におけるハイゼンベルグの「不確定性原理」の発見によって崩壊しており、観測行為は観測者と観測対象の相互作用を抜きにしては成立しないということは、自然科学においてさえ認めざるを得ないのである。

かかる「主客一体の前提」は、機械論パラダイムにおける「客観的認識」という幻想を打ち砕きつつある。対象が他者ではなく、自己を含んだ世界であるかぎり、厳密な意味での客観的認識は不可能であり、客観的という言葉には本質的な限界が存在するのである。

対して、生命論パラダイムにおいては、生きた対象との主体的な係わりによってのみ、対象に関する認識を深化させることができると考える「フィールドワーク原理」が重視される。主体的意志を伴った主観的期待や主観的判断に基づき世界への働きかけを行ってゆくことの重要性が再認識されつつある。

(8) 制約条件としての世界から世界との共進化へ

第八のサブパラダイムは、世界を自己に与えられた制約条件とみる視点から、世界と自己との共進化を求める視点へのシフトである。

機械論パラダイムにおいては、主体にとっての世界は、一つの環境であり、制約条件である。したがって、主体が行動を選択するとき、この制約条件のもとでの最適行動を選択してゆくという発想が支配的であった。

対して、生命論パラダイムにおいては、主体と対象は、互いに働きかけあう関係として理解される。すなわち、対象の変化が主体の変化を促すだけでなく、主体の変化が対象に影響を与えるという相互作用のプロセスが重視される。

さらに、主体は自分自身が進化するだけでなく、対象との相互作用のプロセスを通じて対象の進化をも促進し、両者はこうした連係的プロセスを経て共進化を遂げてゆく。そして、主体の進化が対象の進化を加速し、対象の進化が主体の進化を加速する「ハイパー・サイクル」によって、この共進化は一層加速される。

かかる共進化のプロセスは、大企業の関連企業系列化や産業政策と当該企業との間などでよくみることができる。

(9) 性能・効率による評価から意味・価値による評価へ

第九のサブパラダイムは、対象を性能や効率により評価する視点から、対象を意味や価値により評価する視点へのシフトである。

機械論パラダイムにおいては、世界を巨大な機械とみることから、世界を評価するに当ってはその機械の性能や効率を論じることになるのは当然といえる。

対して、生命論パラダイムでは、世界を生命的プロセスとみることから、世界を性能や効率のみによって評価するのではなく、むしろ意味や価値という視点によって評価する。

かかる視点の転換は、消費者ニーズの変化としてもあらわれている。また、経営学の領域にも生じている。

(10) 言語による知の伝達から非言語による知の伝達へ

第十のサブパラダイムは、世界を言語により認識し、言語による知の伝達を重視する視点から、世界を非言語により認識し、非言語による知の伝達を重視する視点へのシフトである。この転換は、先に述べた「メタファー原理」による知の獲得方法としても重要である。

機械論パラダイムで前提となっているのは、修得された知は言語によって伝達可能であるとの基本認識である。しかし、マイケル・ポランニーは『暗黙知の次元』において、「我々は言語で語り得ることより、多くのことを知ることができる」と述べている。われわれは言語によっては表現し尽くされない多くの知をもっているのである。

対して、生命論パラダイムにおいては、言語の知だけでなく、非言語の知や「暗黙の知」についても一層重視する。

非言語による知の伝達というパラダイムも、多方面への活用が可能である。仕事上、社会生活上、言語だけで伝わっているのは、三十%ほどなのである。多様な価値観とグローバリゼーション化がますます進むこれから、伝え方についての研究には奥の深いものがある。

以上には、学問（科学）上におけるパラダイム・シフトの内容につき主要なものをあげてきた。しかし、これら以外にもなお多くのパラダイム・シフトがある。

以下には紙面の都合上、名称のみを紹介させていただく。いずれも経営や日常業務に大きく役立つものばかりである。

⑪決定論からカオス理論へ
⑫完全性から相補性へ
⑬完全合理性から限定合理性へ
⑭確定から確率へ
⑮基本的構成要素から相互の関係性へ
⑯根源粒子探しから相互作用へ

⑰西欧的科学万能主義から東洋的神秘主義へ
⑱合理的＝科学者的から感性的＝芸術家的へ
⑲理性中心人間の意識から汎心論的意識へ
⑳帰納、因果的原理から演繹・共生的原理へ
㉑自然的因果から目的手段因果へ
㉒局部的、分析的から全体的、統合的へ
㉓点から面へ
㉔構造からプロセスへ
㉕機械から人間へ
㉖見える世界から見えない世界へ
㉗連続性から非連続性へ……等々である。

二　複雑系

第二は、思想・科学領域の世界観分野における「単純系から複雑系へ」である。科学方法論については第一の「機械論と生命論」のパラダイムで大きな流れをつかむことができた。

だが、近年このかた、伝統的な諸科学のあちこちに、伝統的アプローチの方法では説明のつかない

ようなリアリティがみられるようになってきている。それらはまとめて、複雑系と総称されているが、そこからも多く発想知を学ぶことができる。

1　複雑系の本質

(1)　複雑系とは何か

まずは、定義から始めたい。

複雑系とは、ある一分野の確立された学問、理論ではなく、これまで個別に存在していた複雑さを示す様々な理論を統一、統合する概念である。特性を示すと以下のようになる。

一つ、それは、「ものの考え方」であり、「思考の姿勢」といったようなものである。

二つ、それは、いくつかの分野から発生してきたものであり、そのルーツを辿ることができる。たとえば、生物学、物理学、経済学である。

三つ、それは、生物学や物理学などの諸科学を横断し、複雑なものとして統一され関連あるものとして認識されるのである。

四つ、それは、共通特性として「曖昧さ」を色濃くもっている。

五つ、複雑系は、新しい理論ではなく、むしろ「新しい知のパラダイム」とでも呼ぶべきものである。

六つ、それは、複雑なものを無理して単純系で理解しようとしないで複雑なものは複雑なままで考えようとするアプローチ法である。

七つ、複雑系の手法は現在なお、未確立である。

(2) 複雑系の前史

わが国で複雑系のブームに火をつけたのは、三年前に邦訳されたM・ミッチェル・ワールドロップ『複雑系（COMPLEXY）』だった。その舞台となったサンタフェ研究所が、複雑系の研究を始めたのは一九八〇年代の中頃である。

複雑系は、「自己秩序形成の理論」や「形態形成の理論」といった非平衡物理の研究や、数学の非線形の研究、古典力学から発展してきた「カオス」を源流としている。これらに、コンピュータや生物進化についての研究、経済学などが加わって、自己組織化の臨界、カオス情報理論、人工生命、収穫逓増の経済などをテーマとした「複雑さの科学」と呼べる一大ジャンルに発展した。したがって、ルーツはそれぞれの科学に存在している。

それでは、複雑系の科学史上における意味は何なのか。それは、デカルト流の近代合理主義に対する反発である。複雑系科学とは、いわば、論理的な理解の限界を認め、合理主義を相対化する科学の運動といえるのである。それはまた、予定調和説にも対立するものである。決定論的な世界観は数百年にわたって科学の世界を支配し続けてきたが、それへの挑戦でもある。

しかし、二十世紀になると、それら近代合理主義科学の法則ではどうしても理解できない科学の分野が出現してきた。それは「確率論的な世界」といわれ、決定論的な世界観とは明らかに異なるものであった。

かくしてニュートンやガリレイ以来の決定論的な世界観が崩れ、単純には解明できない世界の存在が確認された。それが「複雑さの分野」である。この分野に該当するものとしては、物理学、生物学、医学、心理学、経済学、政治学……等々があげられている。

かくして、今日では、完全合理性と要素還元主義の呪縛から解放され、限定合理性と非要素還元主義で複雑系が研究されているのである。

(3) 複雑系研究のキーワード

それでは、以下に複雑系研究のキーワードをあげておきたい。複雑系のイメージをつかむのに役立つはずである。

一つは、線形と非線形であり、予測の可否に深く係わる言葉である。

二つは、自己組織化であり、外部に向かって開かれた構造が、外からの影響によって動揺したのち、それぞれの構成要素が互いに反発し、あるいは同調することによって、個々の動揺がやがて全体の秩序へと変貌をとげる、ことである。

三つは、相互依存性、関係性、相互影響力であり、自己組織化を促進する働きをする。

四つは、フラクタルであり、これは、非常に複雑で、容易な分析を受けつけないと思われるものが、実は全体の姿がそれを構成する部分の姿と形状の近似した「入れ子状」の構造をもつことである。

五つは、ゆらぎである。ゆらぎとは、平均からのへだたりをいう。代表例が水の三態だ。

六つは、収穫逓減と収穫逓増である。収穫逓減とは、市場には一元的な寡占をゆるさない構造が存在するという考え方であり、収穫逓増とは、わずかな差異が原因で市場の寡占が生じたり、またそれが瞬時に覆《くつがえ》されたりもするという考え方である。

七つは、カオスである。カオスとは、簡単な規則に基づいているにもかかわらず、複雑な動きでどのように変動するかわからないものをいう。

カオスは、複雑系の理論的基盤である。

(4) 複雑系への道程

複雑科学は、アプローチの方法であり、現代科学のあり方に対する批判である。クーン流にいえば、これまでの単純形を軸とした科学のパラダイム転換なのである。

これまでは、複雑系を直接表現する方法がなかったことから、無理矢理、単純系に置き直して研究してきた。そこでは失うものも大きかったが、成果もまた大なるものがあった。

だが、それではどうしても真実がみえないという限界が認識されるようになった。無理した単純系の活用は、要素間の関係を捨象するなど重要な側面を見逃してきた。

そこで真の知を求める方法に関心が集まった。今日の複雑系の研究では、その姿勢において、複雑性そのものを認識していることが基本であり、また、方法についても多様な方法が模索されている。つまり、分析して総合する方法ではなく、対象を直感によって把握する方法も効果がある。しかし、直感は哲学的認識としては重要だが分析がないため説得力に欠ける。そこで私は直感と分析をつなぐものとして、目的思考によるアプローチ法を提唱している。

(5)　生命論パラダイムと複雑系パラダイムの関係

本書では、広義での思想・科学のパラダイム・シフトについて、二つを述べている。一つは機械論パラダイムから生命論パラダイムへ、であり、二つは単純系パラダイムから複雑系パラダイムへ、である。しかし、両者は酷似している。それゆえ、なぜに両者を分けたのか、また、両者はいかなる関係にあるのか、という疑問が生じてくる。

まずは、分けた理由であるが、その一つは、既存科学と新進の複雑科学との違いを認識していただくためである。その違いが微妙なものであるだけによけいに違いを知ることが重要なのである。違いがわからないと、いつの間にやら、消え去って、どこかに埋没してしまうからである。

それでは次に、両者の関係やいかに？

両者の関係は、まず既存の諸科学である生物学、物理学、化学、経済学……等々それぞれの縄張り内において研究を進めてゆくうちに、要素還元的手法によっては説明できない世界が共通に認識されてきたことである。その共通項とは、「複雑でわからない」ということである。そこで出てきた考えが、「それでは、複雑系ということでまとめて、複雑性そのものを研究対象としてもよいのではないか」として、複雑系科学が誕生したというわけなのである。

そこで、両者の関係であるが、既存の科学の複雑性を縦とすれば、複雑系科学の方は横断的といえる。両者は別々にあるいは学際的に研究されるが、それぞれの成果は共有される。

それゆえに、研究成果を既存系と複雑系に明確に二分することはむずかしい。そこで本書においても、一と二においては、類似や重複している部分がある。

(6) 複雑系で観る世界

複雑系の観方で世界を眺めてみると、多くのことがハッキリとみえてくる。政治、経済、社会、教育、学問、経営、仕事、生活……等々世界中のあらゆる人間の営みは、複雑系と単純系に大別することができる。そして、過去は、長い間、因果律と要素還元主義を中心とした単純系の時代であったといえよう。なんとかして、複雑なものも単純化してしまおうとする努力の歴史であったように思われる。

目を産業に向けてみても、製品が手造りされた時代は典型的な単純系であり、またコンベアラインによる大量生産時代も、3S化と分業化によって単純化を推進した。生産過程における複雑性を排除したのである。

生産と販売の関係にしても、景気が良くなると売上げが増え、増産するが、景気が悪くなれば売上げが減り、減産する、という因果律の支配する単純系の世界であった。

政治、経済においても実に素朴である。不況になれば、公共投資を増やすか、金利を下げればよい。酷いのになると、地域振興券をバラまいて諸外国の失笑を買う。

企業経営にしても同様であり、赤字になれば、人員削減のリストラに走り、体質強化のためにと流行のごとくに、実力主義、成果主義、カンパニー制等々、あるいはM&Aにひた走る。こうすれば（原因）、こうなる（結果）と余りにも単純に考えて至極簡単に重大な変革を行う。しかし、成功することは少ない。

いずれにせよ、人びとの営みのあらゆる方面に単純系の思考と行動がはびこっている。これを続けているかぎり、個人、企業、国家、そして地球、これらすべてに真の幸福が訪れることはない。

そこでは、まず抜本的に複雑系の頭に切り換えることだ。世の中、多方面が複雑系になっているからである。時間的に短かく、空間的に小さいもののいくらかを除いては、ほとんどのモノゴトが複雑系であると思えばよい。

モノの世界では家電、自動車をはじめ多くがエレクトロニクス化し、ブラックボックス化が急速に進展している。

商品の売り方も複雑系だ。こうすればこうなるという方法は存在しない。原因と結果のすべてを知ることはできないからである。「たまごっち」や「プリントクラブ」などの爆発的な売れ行きを単純系で説明できるだろうか。

コンピュータ・システムはインプットとアウトプットを除いては、すべてブラックボックスであり、したがってこれも複雑系である。

経営も組織も、そしていかなる集団も社会も複雑系である。家族も友人関係も、隣人関係もすべては複雑系なのである。

(7) 複雑系のアプローチ法

それでは、複雑系のアプローチ法には何があるのか。もちろん、複雑系にも方法はある。しかし、その性質上実に多様で、単一的、統一的な方法は存在していない。しかし、それらの中にも、イジング・モデルやシナジュティクスといったかなり知られた方法もあるが、分析できるのは「簡単な複雑系」だけである。

しかし、有力な方法がある。

一つは、コンピュータによるシュミレーション分析だ。複雑系は初期値鋭敏性の強いシステムであり、初期値の数は無限にあり、したがって計算結果も無限となることから、直接的に法則がみつかることはない。しかし、シュミレーションは多くやってゆくうちになんとなく全体構造がわかってくるものである。まさに複雑系というのはなんとなくわかってくるところが重要なのだ。これが構想になってゆくのである。

もちろん、複雑系の研究は、複雑なまま丸ごとの把握と単純系の伝統的な手法の相補的な協力が必須である。また、学際的な研究も重要である。

二つは、目的発想法による目的手段体系によるあるべき姿と手段の構築である。最後の、そして究極の、複雑系を丸ごと把握する方法としてはこれに優るものはない。

まずは、対象の存在価値、存在目的などを明確にしたあとで、それを定義し、上に目的を下に手段（機能）を展開し、全体を全体的、構造的に理解するのである。

三つは、パラダイム発想法の活用であり、対象のよって立つパラダイムを探る方法である。

最後は、直感による洞察である。人間の脳には過去の全体験がインプットされており、世界で最大の情報質量をもつ。それらを駆使して洞察を行うのである。単純系のように単なる知識の断片に依るのではなく、人間丸ごとによる洞察である。

(8)　発想法としての活用法

二には、単純系から複雑系へのパラダイム・シフトについて十二の例をあげている。単純系については、基本的に要素還元手法と同じであることから、ほとんど触れないで複雑系を中心に述べている。

さて、それらを実際に、経営や日常業務、生き方や日常生活等々に活用するに当ってのポイントを述べておきたい。

その一つは、活用の姿勢に関するものであるが、十二の例示を鵜飲みにして、そのままで活用するのではなく、あくまでもそこから己に役立つ発想や知恵を引き出す発想源として活用することである。

その二つは、複雑系の位置付けについてであるが、複雑系はパラダイムの発展史においては最高段階にあり、その本質は知の成熟であることを十分に認識して活用することである。

すなわち、複雑系は単純系の手法を極限まで突き詰めるなかで到達したものであり、単純系を超える科学であるが、現在、まだ科学としても、また方法論にも確立されたものはない。そこで未熟な人たちがとる態度は「複雑でわからないし、方法もないのだから、まあ、適当にやっておこうじゃないか」となるのだ。これではデタラメと暗黒への先祖帰りであり、単純系以前への逆戻りとなるのである。少なくとも、単純系手法を活用するよりもはるかに苦労が多いことを認識するべきである。そういう意味においては、複雑系の活用は諸刃の剣といえよう。

その三つは、単純系の要素還元手法が今なお十分には活用されていないことである。機械的世界観と要素還元手法は、物理学や化学、工学や医学など、使いやすい分野では、それなりに活用されてきたが、社会や経営など人間が絡む分野では十分に活用されているとはいえない。使いこなしてはいないのである。

かかるなかに、複雑系なるものが登場してくると、単純系が使える分野にも使わないでゆくということにもなりかねないのである。

その四つは、単純系から複雑系へのシフトは、マルかバツかのごとく全面的に入れ替わるというものではない、ということである。その多くは単純系と複雑系が並存し、使い分けを要する場合が多い。また、複雑系への方向に進んでいる、その傾向がみえる、といった曖昧なものまでが含まれている。要はその濃度において大きな差があることを十分に認識した上で活用することが大切である。

その五つは、複雑系の手法についてであるが、いまだ確立されたものはない。しかし、有力なものとしては、洞察と目的発想法とシュミレーション法がある。ここでは、技術（ＩＴ）と論理（目的発想法）と感性（人格）の三つが使われる。これらにつき実際の活用を重ねることによって、方法を磨いてゆくのである。

最後は、複雑系の有効性を十分に活用してゆくことである。複雑系の知は、われわれに、「身体の知」「臨床の知」「暗黙の知」を与えてくれる。これらは、二十一世紀のテーマである「知行合一」に大きく役立つ。

これら新しい知のパラダイムは、本来、経営者こそがもっとも深く体得しており、もっとも容易に理解できるからである。

では、この複雑系の知は経営者に何を教えてくれるのか。一番重要な教えとは、宇宙、自然、社会、市場などわれわれが住む世界がもつ特性についての知恵であり、第二はそれゆえに、発想転換が絶対に必要なことである。

具体的には、分析、総合、設計、法則、確定、予測……などの古いパラダイムを卒業し、複雑系の新しい知に頭を切り換えることである。この発想の転換を抜きにしては、今からの複雑性の時代を生き抜くことはできない。

新しく生まれつつある複雑系の知は、経営者にその発想転換の必要性を深く教えてくれる。

2　複雑系パラダイム

いよいよ複雑系パラダイムからの発想と知恵を学ぶときがきた。

以下には単純系から複雑系へのパラダイム・シフトを十二箇に絞って述べている。ただし、単純系のパラダイムについては、既存のものであることからかなり理解され、実践されていると思われるためごく簡単に触れるにとどめ、複雑系の方に力を入れている。

その記述法は、⑴意味と内容、⑵学べる発想と知、⑶活用法の順である。

また、内容の専門性については、本書の目的が「発想法」について啓発することであることから、深入りせず、専門用語の使用についても必要最小限にとどめている。

要は、パラダイムおよびパラダイム・シフトからは実に多くのかつ有効な発想が得られるのだな！ということを理解していただければ十分なのである。

(1) 線形から非線形へ

① 意味・内容

機械論パラダイム時代の中核的な考え方の一つに、線形思考法がある。線形思考法とは、世界を原因と結果、動機と行為が直接的に結びついた、予測可能なものと考える思考法である。線形思考法で世界を解明できるのは、不確定要素がない場合、あるいは完全にとり除かれている場合であり、具体的には以下のごとき条件が必要とされる。

一つ、加減乗除などで単純に答えが出ること。
二つ、比例関係が一定して保持されていること。
三つ、要素に分けて分析できること。
四つ、自然的因果関係が成立すること。

いうまでもなく近代合理主義科学は、線形発想法を柱として大発展を遂げ今日に至っているが、現在でもなお強力な発想法であることにかわりはない。産業界においても、物造りを中心に有力な発想法として大いに活用されている。極論すれば、学問も産業も、社会も経営もその他世界のすべては、予測可能であるとする線形思考で動いてきたともいえるのであり、そして、今日そして未来においても、なお有力な思考法として活用され続けることも確実である。

現今においても線形思考法を活用できる分野、対象は広範に存在しているにもかかわらず、十分には活用されていないのが実状である。経営、日常業務、日常生活など広い範囲に活用できるのである。

私がもっとも恐れるのは、次に述べる非線形発想法について知ると、なお有効にもかかわらず使い切っていない線形思考法を捨去り、流行の如くに非線形思考法に飛びつくことである。非線形思考法の真の理解と活用は、線形思考法を真に理解し、使いこなすことの延長線上に存するものだからである。

非線形思考法は線形思考法にとって代わるものではなく、並存し、棲み分けして、相乗効果が出てゆくものなのである。

次に非線形思考法を見てみよう。

生命論パラダイム時代の新しい考え方の一つとして、非線形思考法が出現してきた。まずは定義である。非線形思考法とは、われわれの世界は、無数の原因や動機が相互に同調し作用し合って、一切の予測を受けつけない、意外性に満ちた世界をつくりあげていると考える思考法である。その特長を一言で表現すれば「未来は予測できない」ということになる。

具体的には以下の如き内容がある。

一つ、加減乗除や比例が成立しない。

二つ、要素に分けての分析ができない。

三つ、自然的因果関係の成立を証明できない。

四つ、関係が一定せず不安定である。
五つ、「引き込み」や「のめり込み」のような相互影響により結果がかわる。
以下には、非線形思考法をよりよくご理解いただくために、いくつかの例をあげてみる。
例一　ガラスコップをコンクリートの床に落すと真っすぐに落下し、毀れる。これは線形思考。ティッシュペーパーを落とすとどこに落ちるか。まったく予測できない。これは非線形思考。
例二　百の仕事能力をもつ人が三人で協同でワークする。さて結果は？三人が別々に作業すれば三百だが、協同作業では予測不可だ。人間関係、コミュニケーションなどの相互関係の推移を予測できないからだ。
例三　商品の大流行や突然の売行き停止。これらは非線形の世界である。ダッコちゃん、卵ごっち、ルーズソックス、プリクラ、底上げ靴、携帯電話……等々、その例は多い。
例四　その他に視野を拡げれば、政治、経済、社会、経営、会社、人の一生、出世、学問、街、国際関係、地球環境、生物、人間などの生命体、天気予報、核融合……等々は、非線形の割合が大きい。もちろん、部分的には、線形思考が有効であることはいうまでもない。
それでは、線形、非線形のルーツは何か。それは共に数学であり、線形はグラフの形が直線となるもののことで、y=ax+bの式で表わされる。これに対して、グラフ化しても線形とならない式を非線形という。一次関数以外はすべて非線形となる。たとえば、人口増を考えてみると、線形的に増えるということは、ネズミ算式に増えることであるが、非線形で考えると、夫婦によって産む子の数が異なることから増加を単純には予測できないとするのである。

② 非線形パラダイムから学べる発想と知

それでは次に、われわれは非線形という世界から何を学ぶことができるのか？

学べる知の第一は、過去の因果関係を正確に知ることはできない場合が多い、という知である。因果関係の証明ができることとできないことを明確に区別することが大切である。

第二の知は、未来は予測できないことが多いということである。

では、なぜ予測できないのか？

それは、われわれの世界に非線形性が存在しているからである。

③ 非線形パラダイムの活用法

それでは最後に、経営や仕事、人生や日常生活等々に対しての活用法について述べておきたい。

第一は、われわれが直面する世界（対象）について、それが予測可能な線形か、予測不能な非線形なのかを区別したうえでうまく使い分け、さらにはＴＰＯに応じて並用するなど相乗効果を出してゆくことである。

これまでは、余りにも強力であった、そして今も強力である、機械論パラダイムによって、何事も予測は可能、また、予測は絶対しなければならないもの、と考えられてきた。それゆえに、新しい方法を考えるでもなく、昔ながらの要素還元手法と因果律を絶対的なものとして複雑系、非線形の世界を分析してきた。偉い？・エコノミストたちの予測が当ったことがない事実をみてもよくわかるであろう。

線形と非線形を区分するに当っては注意すべきことがある。その一つは、両者の間にはかなり曖昧な部分、わかりにくい部分があることである。線形にみえても、どこかに非線形の部分を内包している場合がある。たとえば、かんばん方式がそれであり、マニュアルなども多くの場合に非線形が含まれている。それらは人間が使うものだからである。

二つめの注意点は、両者間における相対性である。それは対象の時間的・空間的な大きさをいかに区切るかにより、線形になったり、非線形になったりすることがあるということだ。長く広く捉えれば非線形化し、短く狭く捉えれば線形化への可能性が大きくなる。

最後の注意点は、確率的にみると、完全線形と完全非線形の間にはグレーゾーンが存在していることから、対象をそのなかに正しく位置づけて対応策を講じてゆくことである。

活用法の第二は、線形を決まっていること、非線形は決まっていないことと、解釈すると、多くの実践的な活用が可能なことである。たとえば理念、方針、短中長の計画、マニュアル……等々は、いわば過去と同じことが未来にも繰り返されるという線形予測でつくられたものである。防災マニュアルなどはその典型であり、各種サービスマニュアルなどもそうである。人間と人間が絡むサービス業務はまさに、非線形の典型であるにもかかわらず、線形的な仕事のやり方と勘違いしている。未来に起きるすべてを予測してそれらに対する対応策を考えることは初めから不可能なのである。

また生産現場のように、一見して線形のごとくにみえるところでも、人が関わることもあり、未来の完全な予測は不可能であり、非線形の世界なのである。

計画やマニュアルなど既に決定されているものは、非線形の世界には役立たないのである。非線形の世界に線形の刀をもって切り込むやり方をしているのが現状である。特にサービス産業は現在の仕事のやり方を、非線形の立場に立って総見直しすべきである。

活用法の最後になるここでは、本質論を述べて締め繰りたい。それは未来が予測できないとすればどうするかといった問題である。ずばりいおう、「予測できなければ、自分で未来を創造すればよい」のである。自分が望む世界を目的と手段で体系化し、世界を自分が望む方向に変えてゆくのである。

ここでとくに大切なことは、一回限りの発想である。複雑系の世界では何事においても、固定や不易の時間はない。常に変化しアナログはなくデジタルしかない。そこでは何事も一回限り、瞬時の世界しか存在しない。したがって、発想はその瞬間、瞬間で行うのである。その瞬間を情報として未来を創造してゆくのである。

それは実に過酷なことである。なぜならば、瞬間毎に、すなわち、刻々に創造を繰り返さなければならないということになるからである。

そこでは、異分野の人などから多くの情報を収集しておくことが必要なのである。

(2) 強制組織化から自己組織化へ

① 意味・内容

強制組織化とは、外部からの圧力によって他律的にある秩序が形成されてゆく過程をいう。また、自己組織化とは、空間的・時間的に混沌としたなかから、内部的な作用によって、自律的にある秩序を形成してゆく過程をいう。

たとえば、受精卵が細胞分裂を繰り返しながら、神経や内蔵といったパーツをつくりだし、一個の人間として成長する過程などは、まさに自己組織化の典型である。その他にも、市場の形成や群をつくる行動、都市の中のある一角が自然発生的に繁華街に育ってゆくなどがある。それらは、複雑系の発想によってみえてくるのだ。

しかし、こうした自己組織化は、無限に行われてゆくわけではなく、ある一定の境を越えると動きを止めてしまう。これを自己組織臨界という。生命体であれば、それは死を意味するし、魚の群の場合は群の解体になる。

自己組織化は複雑系の代表的な成果であるが、それは物理学における非平衡開放系のジャンルで組み立てられてきた考え方である。非平衡開放とは、いわば、エネルギーの出入りがある状態のことである。

自己組織化には、非平衡と開放という要件が必要なのである。

たとえば、ヤカンの水を火にかけると、無秩序に存在していただけの水の粒子が、非平衡開放の状態に置かれ、「対流」という秩序が生まれる。これが自己組織化といわれるものである。自己組織化とは、ある状況下において自然に「秩序」が生まれることをいう。

自己組織化は認知科学においても重要なテーマとして注目されており、脳とコンピュータという二つの異なるタイプの情報処理機能に、いずれも自己組織化の能力が存在するという事実が明らかにされている。

自己組織化は生物学の視点からも説明できる。個体の発生プログラムは、遺伝的にはじめから書きこまれているわけではなく、そのときの状況に応じて、外部からの情報、または内部の情報によって新しい情報をつくりだし、みずから自己組織化してゆくのである。

最近まで、すべての生命現象は生まれる以前から遺伝子で決定され、そのプログラムにそって動いているとされていた。しかし、遺伝子の仲間には存在しなくてもいいような、いわゆる〝無駄な遺伝子〟がある。その無駄な遺伝子はくっついたり、離れたり、あるいは組み合わさったり、さらに偶然も重なって、新しい情報をつくってゆく。そして、その情報にそって自己増殖し、一定の方向性、性格とでもいうべき気質を自己組織化してゆくのだ。

要するに、この自己組織化機能の発見は、「遺伝子＝神のプログラム」説を否定しようとしている。

かくして、遺伝子から、街から、国から、アジア、地球、ひいては宇宙までもが自己組織化しているのである。

② 自己組織化から学ぶ知

自己組織化の知からも、われわれは多くのことを学ぶことができる。

一つは、新しい秩序を形成してゆくに当っては、大別して二つの方法が存在することである。その一つが、外部からの強制組織化であり、その二つが、内部からの自己組織化である。もちろん、両者の間には多様なグレーゾーンがある。

二つは、自己組織化の条件が非平衡開放型ということである。

三つは、企業は生命と同じステップを踏むことである。個体の発生は、万能の可能性をもった一つの受精卵が分裂し、多様化し、統合されて体ができるが、企業の発生と成長も全く同じである。一人から始め分業化してゆく。

最後は、自己組織化が異質な世界をひとつに結びつけるということである。生物学、物理学、経済学、経営学……等々は、自己組織化という点で共通した部分をもっている。これもまた、複雑系における自己組織化の特徴である。

③ 自己組織化の活用法

自己組織化の知についても、多方面かつ多様に活用することが可能である。

一つ、主要な活用分野には以下がある。たとえば、職場や企業など組織の活性化、村や町など行政単位の活性化、街の一角など時定場所の活性化、商品やサービスの販売増・ブーム化、企業イメージや信用・信頼等の向上、スターやカリスマづくり……等々である。

活用するとは、方法、プロセスを真似ることであるが、そこで大切なことは、結果を評論することではなく、意図的に自己組織化を仕掛けることである。部課を活性化させるため、わが町を活性化させるため、いかに自己組織化を図ればよいのか、ということである。

内部から、自然にというのが、自己組織化の特徴とはいえ、まったく何もすることなく、まったく自然に自己組織化が進捗《しんちょく》してゆくことは考えられない。その大小にかかわらず、必ず〝きっかけ〟というものの存在があり、それに反応することによって進展してゆくのである。そのために最終の到達イメージを描き、かつ到達までの目的手段をつくるなどのシナリオを書く必要があるのだ。もちろん、外圧的・強制的にするのではない。あくまでも、自己組織化のプロセスを盛り立てるために行うものである。

誰か一人が自発的に「明るく大きな声で挨拶を始めた」。それがきっかけとなって、ごく自然の内に、明るく闊達な職場になってゆくのである。

そこで大切なことは、経営者や管理者などが、〝きっかけ言動〟が出やすい組織風土づくりに邁進することである。そして、きっかけ言動が出てくるとそれらを暖かく見守り育てる姿勢をとり続けることである。

以上が王道であるが、場合によっては、きっかけ行動を意図的に仕掛けることが必要な場合もある。因果を含めて誰かにやらせるとかサクラを使ってやらせるなどである。

二つ、適用対象が決まれば、先に述べたような〝きっかけづくり〟に取り組むことである。人、物、情報、制度、仕組み……等々すべてを〝きっかけ〟として活用することが可能である。

飲食物とて、味、値段、サービスの三要素だけで売上げが決まるとは限らない。三要素がほぼ同じ店でも、一方は行列ができ、他方では閑古鳥が鳴いていることがある。その違いは、きっかけづくりと自己組織化の違いなのである。

三つ、自己組織化を成功させるためには、非平衡と開放の二大条件を十分に整えることである。

会社という組織は元来が複雑系の組織であり、そこで働く人間も複雑系の人間である。そこへ、たとえばワンマン型のトップや管理者が、目標や方針を「神のプログラム」のごとく押しつけても、けっしてうまく事は運ばない。なぜならば、複雑系、非線形である組織に対して、単純系、線形的な目標、方針を「神のプログラム」のごとく押しつけても、機能しないからである。人と組織には柔軟性が欠け、異常事態にも対応できず、意欲も低下するからである。

なぜ、そうなるのか？

それは複雑系における自己組織化の原理に反しているからだ。複雑系では非平衡開放で内外の刺激や情報によっておのずからシステムが形づくられ、秩序が生まれ、新しい構造や機能をつくりだし、全体の組織を形成してゆく。それなのに、神のプログラムはそんな流れに逆行するのである。

上命下服の「神のプログラム」が失敗に終わる例は、軍隊や戦場にも多くみられる。有名なところでは、インパール作戦であり、牟田中将は神のプログラムであり、一切の変更は許されなかったのである。

四つ、自己組織化を実現させるためには、組織の壁を打破することこそが必要である。組織を壊し、みずから自己組織化するのだ。まずは小さな単位から始め、やがてすべての組織に浸透させてゆくのである。

(3) 予測可能性と予測不能性

① 予測可能性と予測不能性とは何か

予測可能性とは、因果関係や法則などの繰り返しがあり、未来の予測が可能な性質をいう。対して予測不能性とは、因果関係や法則の前提である繰り返しがなく予測が不可能な性質をいう。

複雑系の世界では、未来を予測することはできない。理由は以下の三つである。

一つは、複雑系の世界には非線形性が成立しているため、最初の条件のわずかな違いが、大きな結果の違いをもたらしてしまうことである。また、正確なデータがわかっても、計算能力が限界を超えてしまうことである。

二つは、基本プロセスそのものが大きく進化してしまうことがあることだ。

三つは、進化のプロセスも進化するからである。この問題が未来予測の不可能性を決定的なものにしている。たとえば、生命進化のプロセスでは、単に与えられた環境条件のもとで生物が進化する場合だけでなく、生物が環境条件そのものを変えながら進化してゆくという「共進化」のプロセスが生まれてくる。

このように、進化のプロセスそのものが進化するという状況においては、未来予測はまったく不可能である。イリヤ・プリゴジンは、「進化の未来は予測できない」と語っている。

② 予測不能性から何を学ぶか

予測不能性からも多くの知を学ぶことができる。

第一は、予測というパラダイムそのものが終焉したということである。先にもみてきたとおり、複雑系の世界においては、未来を予測することはできないのである。予測という発想そのものに限界が生じているのである。

第二は、予測不能の世界でわれわれがとるべき行動原理として、一回限りの知を学ぶことができる。それは、繰り返しを前提として成立する法則の対極にある考え方である。法則性や再現性は繰り返しを前提としているが、絶対的な法則性が存在しないというのであれば、われわれが関係してゆく世界を〝一回限り〟のものと捉えてゆくしかないのである。

絶対的な法則の不在という事実は、物理学の世界においても認められつつあるのだ。まずは空間的規模が異なれば、そこで成立する法則も異なってくるというのだ。ミクロの分野では量子力学、マクロのそれでは相対性理論、中間ではニュートン力学である。

さらに、量子力学の不確性原理は、観測という行為の相対性を明確に示し、また、相対性理論は、時間という存在の相対性を明らかにした。そして、現代物理学では、さらに進み、散逸構造理論とカオス理論によって未来の予測不能性を宣言しつつある。

純粋科学とでも称すべき物理学の世界においてすら、こうした「認知の相対性」と「未来の不確定性」が認められつつあるのだ。ましてや、人文科学と社会科学では、人間の意思や主観といったファクターが大きな役割を果たす科学である。正しい予測のできるはずがない。

われわれは、近代科学の要素還元手法、因果律、実験と再現等々の手法に捉われすぎてきた。しかし、このあたりで、できることとできないことをハッキリとさせるべきではないか。

かくして、生まれたのが「一回限りの知」なのである。すべては、繰り返しのない一回限り、なのだ。特に人間が絡む、歴史、政治、経済、経営、社会等々においては、法則と呼べるものはない。表面的には法則のごとくにみえても真に法則といえるものではない。

二十世紀における物理学や生物学の成功に目を奪われ、みずからも物理学や生物学になろうとした愚をしっかりと反省し、己に適した方法論を確立すべきなのである。

それこそが、一回限りの視点に立って論じる研究である。そして、その研究は、広義でのアート（芸術）となるはずである。

そのさいにおける芸術的手法の特徴は、その一回限りという原点から出てくるもので、たとえば、「言葉によっては語り得ぬもの」をどこまで表現できるかで成否が決まってくる。言葉やテキストでは学ぶことのできない、世界に目を向けることである。それは、本来、体得することによってしか得られぬ「臨床の知」や「身体性の知」であり、本来、言葉にては語り得ぬ「暗黙の知」なのである。

経営戦略も経営判断も、日常業務も刻々の人間関係もそれらのすべては、ただの一回しかない。一期一会なのだ。その場《シーン》とまったく同じ場《シーン》は絶対に存在しないのである。

学べる知の第三は、以上からもわかるとおり、経営とは最高のアートなり、ということである。特に、戦略は典型的な一回限りのアートである。同一の戦略は二度とは使えない。戦略におけるもっとも高度な判断は、過去に参考となる事例も、依るべき法則もないときに行うものである。まさに、一回性を前提としたきわめて芸術家的《アーティスティック》な判断なのである。

ではかかる一回性の世界に要求される知的能力とは何か。それこそは、一回性を最高に輝かせ、生かすことのできる能力である。われわれが何かをするのは、須《すべから》く未来においてである。したがって、未来の予測を必要とする。しかし、複雑系の世界では、機械論パラダイムの手法で予測することは不可能であった。しからばどうすればよいのか。それには複雑系に有用な予測法を開発すればよい。

その答えを出してくれたのが、アラン・ケイである。

「未来を予測する最良の方法は、それを発明することである」。ここには、複雑系の世界においてわれわれがいかに行動すべきかについての知恵がある。昔ながらの不毛な予測にこだわらず、明確なビジョンに基づく「創造」を行うのである。すなわち、今からは、市場調査や市場予測などの客観的手法よりも、ビジョンや目的などの主観的手法の方が、重要になってくるのである。

学べる知の最後は、以上に述べたとおり、「未来を創造する」ことの重要性である。予測が不可あるいは困難であるならば、思いどおりに未来を創造すればよいのである。

③　予測不能性の知の活用法

この知も多方面に活用できる。

まずは、予測不能性からくる一回限りの知を真に認識し、その一回、一回を限りなく輝かせ、成果を極大化させることである。これまでは、予測できないことに対しても、予測にこだわり、間違った予測を金科玉条にして、行動を起こし失敗してきた。また、予測ができないことにいらだち、エイヤで決めてしまう、などの例が多い。

しかし、できないことはできないと割り切り、自分の思いや希望を語り、ビジョンや目的、目標と達成への道筋を創造してゆくのである。そこでは、目的発想法やパラダイム発想法などが偉力を発揮する。

次は、予測不能の複雑系においては、意思を語り、夢や希望を語り、ビジョンを大いに語ることである。けっして予測を語ってはならない。その時に言葉こそがまた力強く未来を創造してゆくのだ。「言葉は世界を創る」からである。

さらには、経営者を始め、仕事や生活をしている人たちは、表面上、一回性の知を理解しているかのごとき振舞いをしているが、それは似て非なるものであることを真に理解することである。両者の違いは、本物の方は、その振舞いがアートになっており、贋物の方はモノ真似・成り行き・惰性で行われているのである。要は真・善・美・愛などの心が不在なのである。要は一回限り、一期一会の機会を最高の芸術にまで仕上げることである。また、そのためには日々刻々の自己啓発や自己錬磨を必要とするのである。

最後の活用法は、「未来を予測するべからず、未来は創造するものである」ことを実践してゆくことである。

(4) 複雑系その他のサブパラダイム・シフト

複雑系のサブパラダイム・シフトには、先に述べた三つを含めて、以下に示す十三がある。紙面の都合上、名称のみを紹介させていただく。

④平衡・閉鎖から非平衡・開放へ

⑤収穫逓減から収穫逓増へ

⑥個別性から自己相似性（フラクタル）へ
⑦秩序から混沌へ
⑧固定からゆらぎ（相転移）へ
⑨組織の総合力から個人の共鳴力へ
⑩進化から超進化へ
⑪孤立性から共進化へ
⑫情報共有から情報共鳴場へ
⑬部分性から全体性へ

三　規制緩和

第三は、政治領域の改革分野より「規制強化から規制緩和へ」について述べてゆく。

1　概説

わが国では、今日、企業のみならず、私生活面においても法律や条例などに基づいてさまざまな規制が行われている。しかし、それらのなかには、規制制定当時の役割を完えたもの、あるいは時代の変化に合わなくなったものなどが続出し、その存在自体が経済・社会の進歩・発展を妨げることになっている。

そこで必要性のなくなった、あるいは、経済・社会の進歩・発展を妨げているような規制を洗い出して廃止・緩和するべし、との発想が大勢を占めるに至り、一九八〇年代から徐々に実施され、現在はそのピークにある。

規制は、そのほとんどが法令など明文化されたものによって行われる。法令や通達はパラダイムになる。したがって、法令などの変更や廃止もパラダイム・シフトとなるのであり、規制緩和が経済や経営、仕事や日常生活に及ばす影響には量り知れない深さと広さがある。

それゆえに、規制緩和の推移を具《つぶさ》にかつ厳密にフォローしてゆけば、新規事業の創成や新しい業務分野への参入など多大の機会《チャンス》を掴むことができるのである。

(1)　規制緩和白書

それでは、どれだけの規制があるのか。もちろん、そのすべてを捉えることはできない。そこで、総務庁発行の『規制緩和白書』(一九九九年八月)により許認可等件数の推移をみることにする。けっして「長期的に減少している」とはいえないし、少しでも手を緩めるとまたたくまに増加に転ずる可能性が秘められているようにみえる。

それでは、進捗状況やいかに。現在、規制緩和推進三カ年計画が進行中であるが、議論は教育や医療・福祉などの分野にも拡大してきた。それは、これらの分野にも健全な競争の導入が必要だという

図表２－１　許認可等の年別推移

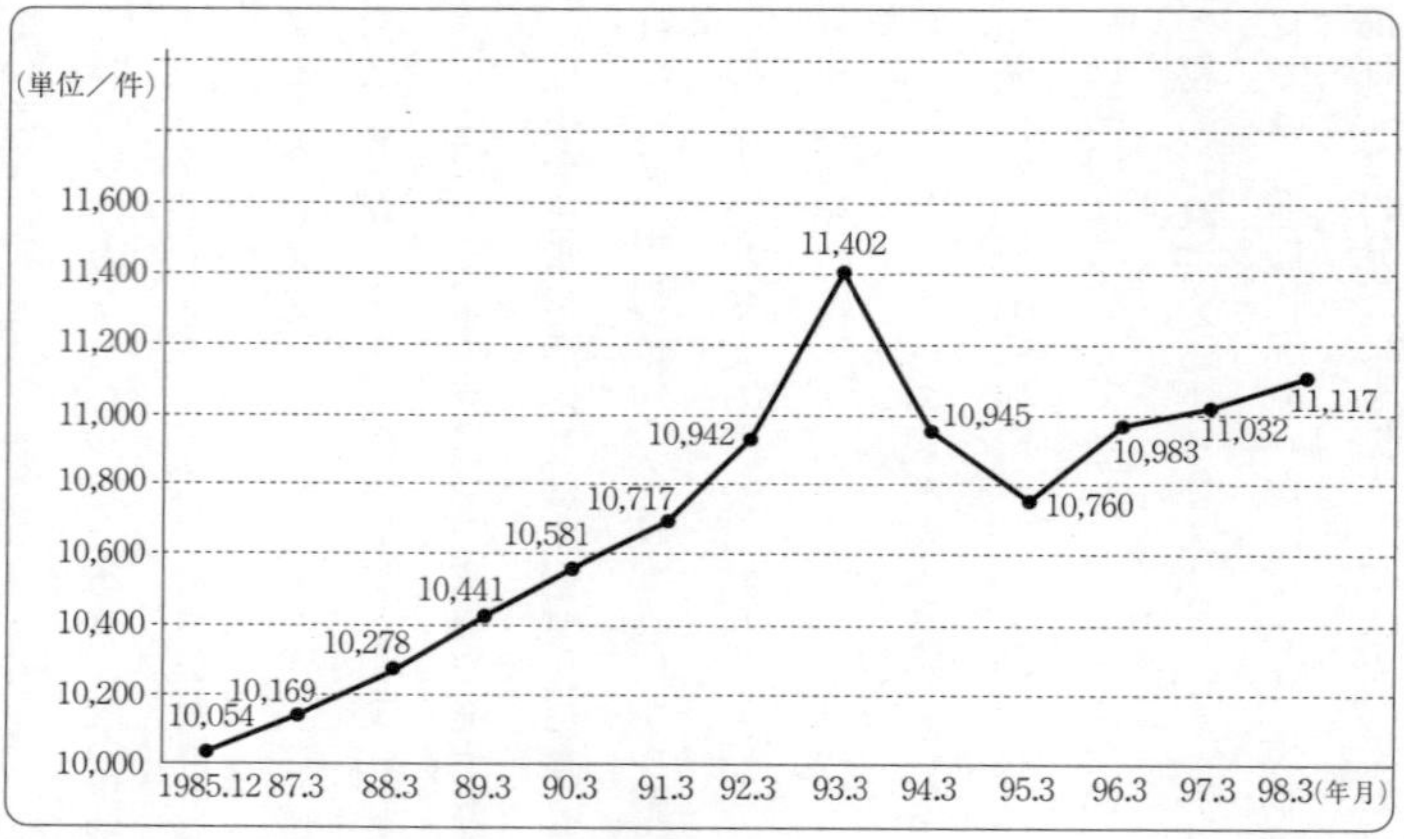

（出所）総務庁「規制緩和白書」（1999.8）より作成

認識が高まったからである。規制緩和の議論が、経済の効率化という分野から、行政の意思決定プロセス、さらには社会全体のあり方まで問い直す問題へと深化したといえる。

総務庁は、九九年版の「規制緩和白書」をまとめた。実施済みの三十三項目の効果を解説すると共に、雇用や中小企業への影響など「影の部分」にも率直に触れ、それらに適切な手当てをしながら規制緩和をさらに進めるよう訴えている。

欧米に比べ遅れてはいるものの、政府の行政改革委員会や規制緩和委員会（現規制改革委員会）などの下《もと》で以前なら考えられなかったような規制緩和が実現したのは事実である。

そのめざましい成功例として、白書は自動車電話・携帯電話端末の売り切り制導入を挙げる。技術革新とかみ合った幸運もあるが、加入数が売り切り制導入前から六年余りで約二十一倍に伸びた事実は、規制緩和の経済効果の大きさを物語る。

また、ドリンク剤や軟膏《なんこう》を一般小売店でも販売可能にしたことや、高速道路と連結した民間商業施設の解禁、放送・通信関連などの規制緩和も経済活性化に効果を発揮し始めた。

(2) 問題点と対応への方向づけ

しかし、その規制緩和にも新たな問題点が生じつつある。

その一つは、やりっ放しによる反作用や弊害の続出である。たとえば、ネットワーク取引の活発化による犯罪の増加であり、携帯電話の急速な普及による〝公害〟の撒き散しである。

その二つは、新規参入者の失敗に対する社会的セフティ・ネットの不備である。新規参入の増加は、経済の活性化を促進する。しかるに、失敗に対する社会的セフティ・ネットが用意されていない現状では、新規参入者は思いのほか少ないのである。

第三は、規制緩和の焦点が経済的規制から安全・健康・医療・福祉・環境などに移りつつあることから、安全や健康と経済的効率を両立させることの必要性である。

最後は、周辺を含めた総合的な対策へのニーズである。たとえば、料金規制の緩和を受けて値下げした一部航空会社が苦戦しているように、規制緩和だけでは問題が解決しない分野もみえてきた。制度改革や税制措置を含め、規制緩和の実を上げるための総合的な対策が必要になっているのである。

このように難題続出といえるが、半面で経済構造改革を進め新たな成長への道筋をつけるため、今ほど規制緩和に期待されるときはない。

(3) 活用法

規制緩和の具体的な活用法については、それぞれのところで述べられるが、ここには全般的な活用法について述べておく。

一つ、規制緩和の活用にさいしては、やろうとしていることに関するあらゆる情報を集め、その中に正しく位置付けた上で判断し、始めることである。規制緩和活用の形には三つがある。一つは〝やめること〟であり、二つは〝かえること〟であり、三つは〝新しく始めること〟である。いずれにしても周辺に多大の影響を与える場合が多い。

要は、やめる、かえる、始めることが時空に与える影響を十分に考慮して行うべし。ということなのである。

二つ、関係情報の集め方としては、「形から入って周囲の反応をみる方法」が効果的である。以上の三つをやるのは未来においてである。その未来について正確に予測することは誰にもできない。そこで、怪我をしない程度に軽ろやかに動いて周囲の反応をみるのである。そしてその反応を情報化してゆくのだ。

(4) 最新情報

規制緩和に関する最新の情報としては、行政改革推進本部の規制改革委員会が平成十一年十二月十四日、当面の規制緩和の重点項目を示す「見解」をまとめ、本部長の小渕恵三首相（当時）に提出したものがある。

それには、①小売業を営めなかった銀行にパソコンソフトなどの販売を認める、②弁護士業務の一部を司法書士、弁理士、税理士などに開放する、③保育所経営への民間企業の参入を認める……など二百三十四項目が盛り込まれている。

目玉となるのは、銀行や保険会社の業務範囲の見直し。現在の銀行法は銀行が預金や資金の貸し付け業務以外を手がけることを認めていないが、パソコンソフトに限って認めるよう求めている。資産管理など銀行の通常業務の中でソフトを開発しているケースが多いためで「二〇〇一年度末までに結論を得るべき」とされている。

(5)　規制緩和の具体例紹介

以下には、われわれの日常生活や企業経営に与える影響力の大きいものを中心にいくつかの事例を紹介する。新規参入や業務改善などについてのアイデアが続出するという実感を味わっていただきたい。

まずは、日常生活に直結する流通分野からである。

2　流通―大規模小売店舗

概要

大規模小売店舗法では、九〇年以降、法改正を含め三次にわたる規制緩和が行われた。そして、大型店の出店に伴う生活環境への影響緩和への社会的要請の高まりなどに対応するため、経済的規制としての現行大店法からの転換を図り、地域の生活環境の保持を目的とした大規模小売店舗立地法が九八年五月に成立したのである。

規制緩和実施項目

92・1	・改正大店法施行―・商調協の廃止・調整期間の上限を一年に短縮・出店凍結制度の廃止・地方自治体の独自規制を適正化
94・5	・改正大店法に係る規制緩和の実施―・千㎡未満の店舗の出店は原則調整不要・閉店時刻の届出不要基準を午後七時→午後八時、年間六〇日に限り一時間の延刻を自由化・年間休業日数の届出不要基準（四十四日→二十四日）・地方自治体規制に関する相談窓口の設置
97・12	・産業構造審の中間答申（大店政策の抜本的見直し・転換）
98・6	・大規模小売店舗立地法の公布・施行

影響・効果・活用

大型店舗の活動に関わる法規のいかんは、大型店それ自身と周辺の中小小売店、さらには住民の生活環境等々、広い分野に多大の影響を与える。特に周辺の小売店にとっては、文字通り、死活問題となる場合がある。そこでは、日頃より経営センスを磨いておき、大型店の進出に対抗できる力をつけておくことが必須である。

大店法に代わる「大規模小売店舗立地法」が、九八年六月より施行されたが、これは地元の中小業者保護ではなく、都市の環境保全の立場からの規制に代わるものである。しかし、社会的規制の名の下に、結局は今までと同じような規制になってしまう可能性のあることが懸念されるところである。

3　流通―酒類・たばこ・塩

概要

大蔵省は、酒類の製造・販売業免許について、消費者利便向上の観点から積極的な規制緩和に取り組んでいる。特に、酒税法改正による最低製造数量基準の引き下げ（九四・四）により、地ビールへの進出企業が続出し、九九年三月末現在、二四七場に免許が付与されている。そして、いまも、個性的な地ビールの開発が進んでおり、地域振興に寄与している。

規制緩和実施項目

93・5	・酒類販売業免許の大型小売店への開店時免許の付与
94・4	・ビールの製造免許に係る最低製造数量基準を年間二千キロリットルから六〇キロリットルに引き下げ
96・12	・みりん小売業免許の付与
97・4	・塩専売制廃止
98・7	・たばこ小売販売業の許可の取扱いに係る需給調整基準の緩和
98・9	・酒類小売業免許に係る需給調整規制の段階的な緩和等の開始
99・6	・しょうちゅう、みりん等について、企業合理化のための酒類製造免許の付与

影響・効果・活用

これらはいずれも、参入規制の緩和や撤廃であり、新規参入の機会《チャンス》であると同時に既存店については、興亡をかけた防衛戦となる。

ちなみに九八年度分の四国財務局管内におけるたばこ小売販売業許可申請は、申請が八〇一件で、うち許可したのが四〇三件。いずれもたばこ専売制廃止の八五年以降で最多だ。九八年七月の許可基準緩和に伴い、九七年度比でそれぞれ四一・五％、三二・六％と大幅に増加した。申請者の内訳は、コンビニエンスストア一三七件、スーパー四十七件などである。

4　流通—米

概要

米の流通については、市場原理の導入を行うと共に、消費者の必要とする米を安定的に供給してゆくため、出荷取扱業者、卸売業者及び小売業者については、従来の指定・許可制から一定の要件を備えれば誰でも参入できる登録制に改められた。

また、通達に基づく自主流通米の取引主体の兼業規制についても全廃された。

規制緩和実施項目

96・11	・主要食糧の需給及び価格の安定に関する法律施行に伴い出荷取扱業及び販売業の登録制を施行
98・6	・売場要件の見直し ・販売業の登録を年二回とし、申請期間も延長 ・登録小売業者を示す標識の規格や掲示方法の見直し ・自主流通米の取引主体の兼業規制（卸売業者と小売業者の兼業禁止等）の撤廃

影響・効果・活用

ここでも参入規制への緩和がみられ、新規参入機会と共に競争が熾烈化する。九五年の新食糧法の施行で米卸事業が免許制から登録制になり、異業種の参入が容易になった。また、九八年十二月には卸売りと小売りの兼業も解禁されたことから、全国に営業拠点を持つ大手商社が相次いで参入し、九九年六月一日付で米の卸資格を得てその調達から販売までを一手に手掛ける体制を整えた。

今後、産地と量販店・外食店を結んだ大規模な米流通ビジネスが拡大するとみられ、約三兆円といわれる米市場をめぐる流通再編が本格化してきた。

三菱商事は東京都で、住友商事は東京都のほか、千葉・大阪・北海道など八道府県に卸登録を申請した。兼松も東京と関東六県で申請した。大手商社では三井物産や丸紅などが卸登録しており、先の三社を加えてこれで大手九商社すべてが出そろうことになる。

米卸会社は九八年十二月末時点で三七〇社が乱立する。大手商社の参入で生き残れるのは五社程度といわれる。

5　金融・証券・保険

概要

わが国経済が二十一世紀の高齢化社会においても活力を保ってゆくためには、千二百兆円にも及ぶ個人金融資産がより有利に運用される場が必要であり、これらの資金が次代を担う成長産業へ供給されてゆくことが重要である。

これまで金融・証券・保険の分野においては、預金金利の自由化・金融制度の改革・適債基準の撤廃・保険業法の大幅改正等の規制緩和が行われてきたところである。しかし、さらに、九六年十一月には、橋本総理の指示により、フリー・フェア・グローバルの三原則の下《もと》、わが国金融市場をニューヨーク、ロンドン並みの国際金融市場として再生する、金融システム改革への取組が開始された。

その大枠となる「金融システム改革のための関係法律の整備等に関する法律（金融システム改革法）」の主要部分が九八年十二月に施行された。

それらが狙うものは、まさしく、フリー・フェア・グローバルの制度的な基盤づくりであり、そこから必然的に生じてくるのが、市場原理、市場規則と自己責任原則の確立である。そこでは、自由な枠組みの下で、地球を相手に企業側と利用者側の双方が、あらんかぎりの頭脳ゲームを展開してゆくのである。

金融はしばらくの間、激変・激動期にあり、金融ビッグバンの進行と不良債権の処理・規制緩和と同時に公的資金導入に伴う公的管理の強化や国有化が行われている。

それらから明らかになったことは、従来、護送船団方式といわれてきた金融行政のやり方が抜本的に見直され、今やこの護送船団は解体したということである。自分の頭では何一つ考えたこともなく与えられた餌だけを温室の中で食んでいた白痴の如き虚弱児が疾風怒涛の大海原に突如、突き出されたのである。そのグローバルな大海には、己自身の力で生き抜いてきた〝強い大魚〟が沢山泳いでいる。わが国のひ弱な小魚は大魚の餌になるしかないのであろうか。

それでは、主な規制緩和について概視する。

九七年五月には外為法が改正され、九八年四月からは個人の外貨保有・取引が完全に自由化され、外貨建の金融商品も発売された。

また、銀行・保険・証券の垣根の撤廃が進むにつれて、銀行の窓口で販売される商品も増えつつある。九八年十二月には投資信託の銀行窓口での直接販売も解禁された。

証券業でも、九八年十二月に免許制から登録制に移行したほか、九九年十月には株式売買手数料の完全自由化も実施されている。

以下には、九〇年から昨年までの規制緩和についてその主要なものを取り上げているが、それらこそが金融ビッグバンの内容を構成するものである。そこには疾風怒涛の感さえあるが、その中には、真の実力さえあれば青天井の可能性が存在しているのである。千載一遇の機会《チャンス》が待っているのだ。

90・5	・東証で国債先物オプション取引開始
92・12	・一般貸付債権信託開始
93・3	・金融制度及び証券取引制度の改革のための関係法律の整備等に関する法律の施行 ・証券子会社の設立 ・信託銀行子会社の設立 ・地域金融機関による信託業務への参入 ・協同組織金融機関の業務規制の緩和
93・6	・定期性預金金利の完全自由化
94・10	・流動性預金金利の自由化
95・4	・事業法人による海外金融先物・オプション取引等の直接取引の自由化
95・6	・ローンパーティシペーションの導入
95・10	・ＣＤの最長預入期間制限の弾力化（二週間～五年） ・二週間未満のＣＰの発行解禁
96・1	・債権貸借取引に係る付利制限及び担保金の下限の撤廃 ・国内債の適債基準及び財務制限条項の設定義務付けの撤廃
96・4	・新保険業法の施行（生損保の相互参入等） ・非居住者国内債の適債基準の撤廃
96・9	・ＣＰの発行適債基準及び償還期間制限の実質的撤廃 ・特定債権法による資産流動化債の発行
96・11	・総理より金融システム改革の指示

97・3	・逆変動利付債の発行
97・5	・貸付債権信託受益権の有価証券化
97・7	・店頭銘柄に係る借株制度の導入
97・9	・未上場・未登録株の投信への組入れ解禁
97・10	・信託銀行子会社の金銭債権業務の解禁（一部除外）
	・店頭登録銘柄に係る信用取引制度の導入
	・証券総合口座の導入
97・12	・銀行の投資信託委託会社への店舗貸しによる投資信託の直接販売の開始。
	・社債等の決済手続きをオンライン化
98・4	・外国為替及び外国貿易法の施行（外国為替業務への自由な参入・退出の確保）
	・株式売買委託手数料の一部自由化
98・6	・銀行の営業用不動産の有効活用
98・7	・損害保険の算定会料率の遵守義務の廃止
98・9	・SPC（特定目的会社）法の施行
98・10	・債権譲渡の対抗要件に関する民法の特例等に関する法律の施行
98・12	・金融システム改革法の施行等
・12	・会社型投信の導入
	・私募投信の導入
	・銀行等の投信窓販の導入
	・有価証券店頭デリバティブの全面解禁

	・上場・公開等の円滑化（株式の上場承認の事前届出制への移行） ・店頭市場の補完的位置づけの見直し ・マーケットメイカー制度の導入 ・証券会社の専業義務の撤廃 ・資産運用業における外部委託の導入 ・信託約款の承認制から届出制への移行 ・証券会社の免許制から原則登録制への移行 ・取引所集中義務の撤廃 ・ＰＴＳ（私的取引システム）の導入 ・貸株市場の整備 ・証券取引・決済制度の整備 　・紛争処理制度の充実（あっせんの法制化）等
99・3	・特定融資枠契約に関する法律の施行
99・4	・私募債市場における適格機関投資家の範囲の拡大 ・社債の発行登録制度の適用の拡大 ・証券子会社のファイアーウォール規制の見直し ・連結子会社の状況に係る有価証券報告書等の開示内容の簡素化 ・個別決算重視から連結決算重視への転換 ・金融業者社債発行法の施行

影響・効果・活用

以上には法律や実施項目のタイトルだけを述べてきたが、それらの内容についても部分的に触れながら、影響するところ、狙いの効果、さらには活用可能性について概説する。

① 参入規制の緩和

これまで新規参入や相互参入が規制によりきわめて困難であった金融・証券・保険の世界に対しても新規参入や新業務が大幅に規制緩和され容易に参入できるようになった。

しかし、その反面、業界は市場原理にさらされ、地球規模での競争が行われ優勝劣敗に支配される世界になってきた。

参入面における主な規制緩和を例示する。

一つは、銀行の営業免許についてであるが、新規参入に対する需給調整規制は行わないこととし、銀行法の次期改正時に当該需給に関する規定を廃止する。

二つは、証券会社の参入についてであるが、これが原則登録制に移行した。

最後は、保険業についてであるが、保険会社と他の金融業態間の子会社方式による相互参入が順次実現されることになった。

② 価格規制の緩和

金融・証券・保険の業界では、利子や保険料など価格面における規制が行われていたが、それらの規制緩和が行われ、いわば完全な自由競争の時代に突入した。ここでも生き残れるのは知恵と力をもつ企業だけとなる。

価格に関する規制緩和について例示する。

一つは、株式委託手数料の自由化であり、九九年十月一日より完全自由化された。株式取引きのオンライン化ともからんで、業者間の優劣が鮮明になる。微差が大差となる。

二つは、預金金利の自由化であり、銀行への信頼度ともあいまって、銀行間格差が急速に拡がり、収穫逓増銀行が出現してくる。

最後は、損害保険料率の設定が自由化されたことである。信用度が高く、低い料率の会社のみが生き残るのは当然である。平成十二年五月一日の新聞には、第一火災海上保険の破綻が賑々しく報じられ、二日の新聞には協栄生命のプルデンシャル入りが報じられている。

③　相互参入規制の緩和

これまでは、銀行・証券・保険それぞれの業務範囲が明確に定められており、他業種への参入障壁はきわめて高かったが、数次の規制緩和により参入がかなり容易になってきた。

そこでは、同業種間のみならず異業種間を巻き込んだ世界大競争が展開されている。地球的規模での業務提携やM&Aは日常茶飯である。

以下には緩和の事例をいくつか紹介する。

一つは、地域金融機関が本体で行うことのできる信託業務について、金銭債権の信託が解禁されたことである。

二つは、証券総合口座の設置と給与振込みが可能になったことである。

最後は、保険会社と他の金融業態間の子会社方式による相互参入が順次実現していることである。

④　業務規制の緩和

金融・証券・保険の分野においては、価格以外についても、業務の内容・方法についてまで細かな規制が行われてきた。しかし、それらの多くが緩和あるいは撤廃されている。

そこでは、自由裁量の余地が拡大すると共に実力差が表面化している。自由には責任と能力が必須なのである。

以下には、業務規制の緩和事例をあげてみる。

一つは、銀行の営業用不動産の有効活用を図るため、さまざまな規制を廃止したことである。

二つは、企業の決算方式が、個別決算重視から連結決算重視への転換が行われたことである。子会社等連結対象企業をもつ会社は、グループトータルとしての業績向上と体質強化を図らなければならない。

最後は、保険商品の認可制が、原則届出制へと進んでいることである。ここでは商品開発力が勝敗を決することになる。

⑤　新分野業務の新設

規制緩和は既存の規制を緩《ゆるめ》たり、廃止したりする場合のほか、今までできなかったことを法令等によってできるようにするという側面がある。

その一領域として、よりよい資産運用を促進するという分野がある。それらはしたがって、新しい業務分野の創出ということでもある。

以下に、いくつかの実例をあげる。

一つは、証券分野に有価証券店頭デリバティブ取引が導入されたことである。

二つは、会社型投資信託や私募投資信託といった新しいタイプの投資信託の枠組みが導入されたことである。

最後は、特定目的会社（ＳＰＣ）の創設を可能にしたことである。この会社は、「資産の流動化」という特定の目的のためにのみ設立されるもので商法上の会社とは異なるものである。これを活用して、指名金銭債権や不動産といった一定の資産を裏付けとした有価証券を発行し、資産の流動化を図るのである。

⑥　市場ニーズへの対応・顧客の便宜性

多様化する市場と顧客のニーズに応える市場システムの実現という観点からも数かずの規制緩和が行われている。

以下に、三つの実例をあげる。

一つは、上場株式の取引を取引所を通さずに行えるよう取引所集中義務を撤廃したことである。これにより取引所の仕事が減るが株式の取引は活性化する。

二つは、店頭登録市場の活性化を図るため、店頭登録市場を取引所市場と同等と位置づけたことである。

最後は、証券会社に私設取引システム（PTS）の開設を認めたことである。

⑦　利用者・投資家の保護・安心感

利用者・投資家が安心し信頼して利用できる市場を実現するためにも数々の施策が講じられている。インプットとアウトプット以外はすべてブラック・ボックスの世界であることから、金融システム全体と個々の企業に対する信頼の確立は絶対の前提である。個別企業レベルでいえば、ほんのわずかの差が善悪双方に向けて大差となって雪だるまのごとくに拡大してゆく。リスク管理と信頼性管理を夢々忘れてはならない。

以下には、三つの代表事例をあげる。

一つは、金融システム改革法により、個別情報中心から連結ベースのディスクロージャーへの転換およびインサイダー取引規制等の公正取引ルールの整備・拡充が図られたことである。

二つは、預金者保護のために預金保険機構を整備すると共に新たに投資保護のための投資者保護基金や保険契約者保護のための保険契約者保護機構等を創設することである。
最後は、いわゆる一括清算ネッティング法であり、諸外国と同様に、倒産時におけるデリバティブ取引等の一括清算の法的有効性を明確化することにより、決算リスクを削減し、金融システムの健全性を確保することである。

⑧ 業務効率化への規制緩和

規制緩和には以上①から⑦に述べてきたような狙いのほか、業者や利用者における業務効率化を目的としたものも多い。それらを存分に活用し、節約できた時間を知的活動の方に向けてほしいものである。

以下には、三つの実例をあげる。

一つは、CPのペーパレス化である。九九年度に検討結果がとりまとめられたが、これの実現により、券面作成の事務負担の軽減・決裁リスクの軽減等の効果が得られ、企業の資産調達の円滑化やCP市場の活性化に大きく貢献する。

二つは、金融機関に係る許認可等の事務手続の簡素化・迅速化・明確化等に向けて、個々の事由に応じて具体的な措置を検討し、結論を得たものから遂次実施することである。

最後は、認許可制から届出制あるいは廃止への移行である。それらによる業務効率化の効果には計り知れないものがある。それらにはたとえば、保険商品の認可制から届出制への移行がある。

6 雇用・労働

概要

雇用・労働分野におけるこれまでの規制は、〝弱者としての労働者〟を保護することに主眼が置かれていた。たとえば、適正な労働条件の確保・安定した雇用機会の確保や高年齢者・障害者の雇用促進などである。

しかるに、時は移り、飽食・成熟の時代となり、知的業務が多くなり、職種も多様化し、働く人たちの職業観、価値観も多様化してきた。

そこには昔の〝弱き肉体労働者〟のイメージは消え、知的能力を開発し、好みに応じた仕事や企業を選ぶ姿がみられる。かくして労働行政は、職業選択や各人の能力開発・能力発揮を促進する方向に重点を移しつつあるのだ。

労働省では、このような方向に添って、有料職業紹介事業の取扱職業の範囲拡大や労働者派遣事業における対象業務の拡大その他多くの規制緩和を行っている。

その規制緩和の底に流れる思想は、老若男女を含めた職業人の能力を活かしきることができる条件を整備するというものである。そのためには、能力開発・人材市場・雇用形態の多様化……等々が必要なのである。

わが国の労働関係法制は、長期継続雇用を前提とし、人材の移動は例外的な位置付けにとどまり、職業紹介も原則、国の仕事とされてきた。また、いまだに、女性や高齢者が働きにくい法制度になっている。

他方では、企業における多様なニーズがある。猛スピードで激変・激動する経営環境に適応してゆくためには、変化にあった能力を必要なタイミングで確保することが必要なのだ。

以下には、過去三年間における規制緩和の実施状況を一覧できるよう示すと共に、それらのなかから特に影響の大きい、労働者派遣法、改正職業安定法、労働基準法、改正男女雇用機会均等法の四つについて概説する。

規制緩和実施項目と内容

96・12	・労働者派遣事業の適用対象業務について・研究開発やＯＡインストラクション等十業務を追加・業務の範囲を拡大（十六業務から二十六業務へ）
97・3	・労働者派遣事業の許可の申請・届出に係る添付書類の簡素化
97・4	・有料職業紹介事業の取扱職業の範囲を労働省令で定める職業（サービスの職業・保安の職業等）以外のものについて行うことができることとした（ネガティブリスト化）
	・裁量労働制の対象業務にコピーライターの業務等六業務を追加
	・労働者名簿の記載内容の簡素化

99・4	・女性の時間外・休日労働・深夜業の規制の解消 ・労働契約期間の上限を一定の条件の下、三年に延長 ・一年単位の変形労働時間制の要件の見直し ・就業規則の届出・変更に係る手続について電子媒体での届出の承認
99・6	・労働者派遣事業の適用対象業務の範囲、派遣期間、労働者保護のための措置等について改正を行う労働者派遣法等の改正法が成立 ・有料職業紹介事業の取扱職業の範囲・許可の有効期間等についての改正を行う職業安定法等の改正法が成立

(1) 労働者派遣法

改正内容

九九年十二月一日から改正労働者派遣法が施行された。今回の改正の柱の一つは、秘書・広告デザイン・OA機器の操作など専門性の高い二十六業務に限られていた派遣対象業務が、港湾運輸・警備・建設・医療など一部を除き原則自由化されたこと。もう一つは、自由化を認める代わりに、派遣先企業が同一業務について労働者派遣の仕事を受け入れる期間の上限を一年に制限したことである。なお、従来の二十六業務は原則三年で現行通りである。

一年を超えても仕事がある場合には、正社員として雇用するというのが趣旨であり、いわば、一年の試用期間が制度化されたものといえる。

派遣が解禁される業務の中で、特に注目を集めているのが、大きな需要が見込まれる営業・販売職だ。将来的には三千億円程度のマーケットになるとの見方もある。

今年十二月一日からは、さらに派遣勤務を事実上の試用期間として、正社員への道も開かれる「紹介予定派遣」も解禁される。

こうした一連の改正によって、これまで三十五歳以下の女性が多数を占めていた派遣市場での男性比率の高まり、新卒派遣社員、中高年層の登場など市場構造も大きく変化しそうである。

今回の改正は「派遣というテンポラリーな働き方と、特定の業務に即戦力の非正社員を活用したいという産業界の労働需要がかみ合う仕組みを作った」（労働省）ことが特徴的だ。

影響・活用法

三つに分けてその影響するところを述べる。

まずは、企業側である。

第一に人件費の変動費化などコスト低減に効果が大きい。解禁された業務に派遣労働者を積極的に活用することにより、正社員数や賃金・福利厚生費等々の抑制を図ることができるからである。

第二は、仕事の質についても向上を期待することができる。プロを活用できるからだ。

第三は、新卒者・中途採用者をとわず、その正社員としての採用に当っては、一年間を「試用期間」と仮定して、しっかりと能力と人物の品定めができることである。

第四は、派遣労働者の採用についても、期間的に選択機会が増加することから、優秀な人材の採用可能性が広がることである。たとえばごく短期間使用してみて評価するなどである。

第五は、企業にとっては、人材供給源の選択肢が増えることになり、正社員比率の低下や新事業の人材採用など活用の幅が広がる。

第六は、人を見抜く能力とうまく使いこなす、「派遣労働者活用技術」を磨いておくことが必要なことである。

第七は、企業が派遣に依存し、人材育成をおろそかにする恐れがあることだ。

最後は、一時的な欠員の補充が比較的容易にできることである。

次は、働く側である。

第一は、働き方の選択肢が増えることである。働きたい時に都合に合わせて働くことができる。

第二は、働く機会が広がることである。派遣労働者の雇用先は、その規模の大小、品格、要求レベル……等々において千差万別であり、派遣労働者の能力・意欲・興味・関心……などのレベルによって、多様な組み合わせがあり、したがって、特定の一社に定年まで勤める場合よりは採用可能性が増大する。要は、短期雇用であることから、少々出来の悪い者でも派遣でなら採用される可能性があるということだ。

第三に、一年間はじっくりと会社を観察できることである。男子の新卒者なども派遣で働く方法もある。

第四は、多くの異った企業で真剣に職務を遂行することで、技術や能力を磨くことによって、キャリヤアップにつながることである。職種によっては、真の専門家《プロ》になることも可能である。

第五は、契約期間が一年の職種については、同じ会社で長く働けないため結局は会社を転々とすることになる。

第六は、一年以上仕事があれば正社員にというのが趣旨であるが、現実には短期で契約を切られる口実にされることは目に見えている。

第七は、己の能力や意欲などの実現可能性が拡がることである。新卒時の正社員採用試験に落ちても、派遣労働者として、多くの仕事を多くの会社で経験していく中で、真の適職・天職がみつかるかもしれないからである。

第八に、社内の正社員は常に派遣労働者と能力を比較され、その存在をおびやかされることになる。要は正社員であろうと派遣労働者であろうと、真の能力者・実力者のみが生き残れるということである。

第九に、真の実力者にとっては、多様な就業ニーズに応じた職業選択が一層容易となる。要は実力者にとっては天国となり、無能力者にとっては地獄となるのである。

第十は、いかなる分野にせよ、己の能力が関係者に対して目にみえる形で、客観的に証明できる何かを用意しておくことである。たとえば、各種の資格やコンテストなどでの入賞などである。また、仕事の実績を他人に語れる形でまとめておくことも必要である。

第十一は、年令による差別や派遣会社に登録された個人情報の流出などトラブルが絶えないことである。

第十二は、一般事務など専門性が高いとはいえない仕事では不利な立場におかれる場合が出てくる。雑用をさせられるなどである。

第十三は、もっとも大切なことは、プロとしての真の実力をもち、それを言葉や結果で明確に表現できる能力と意欲が必要なことである。

第十四は、自分が受け取る賃金の三倍以上の成果を挙げ、それを証明できることの必要性である。

最後は、派遣会社側である。

第一は、派遣先企業からの信頼を築くことである。「あの会社の派遣社員はいつも期待以上の仕事をしてくれる」といわれるような信頼関係を確立することが必要である。

第二は、期待以上の成果をあげるためには、真に優れた人材を確保し、常に意欲と能力を高める努力を続けることである。

第三は、自社の派遣社員が受け取る賃金の三倍以上の成果をあげているか否かを常にフォローしておくことである。

第四に、粗利は少ないが、需要は十分にあり、営業・販売・一般事務・退職者の補充・パートやアルバイトが多い分野への進出……等々、可能性が大きいことである。とくに営業・販売は大きな需要が見込める。

第五は、契約が大事なので労働条件や仕事内容などについては書面にして渡すことである。

第六は、有給休暇や社会保険などの諸権利などについても、最初から十分説明しておくことである。

第七は、新卒者を研修して各企業に送り込む形態が出てくる可能性があることである。

第八は、人材の争奪戦が激化することだ。

第九は、派遣社員は当然ながらも、自社のスタッフに優秀な人材を揃えることである。

第十は、顧客である派遣先企業の満足・利益を常に考え、積極的に提案してゆくことである。また、派遣社員も立派な顧客であることをけっして忘れてはならない。

最後は、派遣各社間による激しい生き残り競争が展開されることである。規制緩和の多くは、市場原理をより徹底させること、その内でも、新規参入と自由な価格設定を許容するものである。改正労働者派遣法についてもその例外ではない。

同法の施行は労働市場拡大への期待感を拡げる一方で、新規参入や人材争奪戦により派遣サービスのコストアップと競争激化による料金低下が予想され、派遣各社は厳しい生き残り競争に晒されることになる。

派遣業界の懸念材料は、業者が派遣社員の社会保険加入状況を派遣先企業に通知する義務が改正に盛り込まれた点だ。長期勤務する派遣労働者の保険加入を促進するためのこの措置が、「派遣会社の淘汰を加速しそうなのである」。

というのも、市場の成長ペースが鈍化した結果、派遣会社の手元に残る利益は縮小を続け、かつて三十％を超えていた粗利益は二十―二十五％で低迷している。この中から人材募集費や一般管理費などを差し引くと残りは数％。社会保険の企業負担を捻出するのは至難の業なのである。

実際、業界全体での社会保険加入率は五、六十％どまりであり、社会保険料負担分を派遣料金に上乗せするのは困難な情勢であるため、派遣会社は一層の経営合理化を迫られる。この過程で体力のない業者が競争から脱落する。

さらに対象となる営業や販売など新たに認められた職種については一年以上の派遣就労を認めない点も派遣会社にとってはマイナス材料だ。この条件が足かせとなり、新職種の派遣社員に対する企業の採用意欲は高まらないと見る向きもある。

かかる状況下での経営は、大別して三つがある。その一つは、量的拡大から質的変革への方向転換である。その方向は顧客である派遣先企業の真のニーズを満たすことである。そのニーズとはいうまでもなく、労働力の調達において①人材の能力・質《クオリティ》、②調達コスト、③採用配置までの納期、すなわち、QCD三つの最適組み合わせである。これらのニーズに合いそれらを自社でやるよりもメリットがあると判断される場合にのみお声がかかるというものである。

そのためには、どの仕事で、どの間、いかほどの価値をあげられるか、など六W三Hでニッチに目を向け付加価値を発掘するのである。要は、相手企業に得になることを提案し、実際にも〝得になってもらうこと〟である。

その二つは、事業者間の連携を進めることである。たとえば、人材紹介業や職安などであり、そこには多大の可能性がある。

最後は、派遣会社自体の経営と仕事の進め方を卓越させることである。そうすることによって、派遣社員と顧客企業の双方から高い信頼を得ることができるのである。

人材派遣の近未来予測

それでは、人材派遣はどの程度拡がるのか？　今後一、二年を予測してみよう。

日本企業の正社員比率は八七年で八二・四％と高率だったが、その後、低下を続け、九九年八月には七四・四％に落ち込んだ。

逆に、増えているのが非正社員形態の雇用だ。総務庁によると、パート・アルバイトはこの十年間で約三百七十万人、派遣・嘱託・その他の雇用者約四十万人増加した。

長引く不況の中、人件費の削減を狙ったものである。たとえば、商社の貿易事務などは軒並み正社員から派遣社員に置き換わった。

もっとも派遣事業の市場規模は労働者数八十六万人、売上高一兆三千三百億円（労働省調査・九七年度）に過ぎない。思うように増えていないのは厳しい規制があったためだ。派遣が認められていたのは、二十六業務だけであった。それが今回の改正で、原則自由化されたのである。さて、どうなるのか？

筆者の予測によると、市場は徐々に拡大してゆくというものである。理由は、以下のとおり。

第一は、期待が広がっている営業・販売分野では既に請負契約という形で実質的に人材派遣事業を展開していた企業が少なくないことから、営業・販売が解禁されてもそのすべてが新規需給につながるわけではないことである。

第二は、派遣先のニーズに合致した人材の調達難が顕在化し始めたことである。派遣社員への技能教育には時間が必要だ。とりわけ、情報技術（ＩＴ）など専門性を求められる分野に対応できる人材はごく少数である。人材不足が派遣市場の成長の足かせになり、派遣市場の成長率は一ケタ台にとどまると予測する。

第三は、わが国雇用市場に占める派遣の割合がまだ小さいことから、法改正による規制緩和が市場拡大につながる可能性が大きいことである。これはプラス要因である。

以上が混ざり合ってゆっくりと徐々に一ケタ台の成長を続けると予測するものである。

(2)　改正職業安定法—有料職業紹介事業

概要

九九年十二月一日に施行された職業安定法の改正と先に述べた労働者派遣業法の改正により、「人材紹介業」と「人材派遣業」との垣根が事実上、取り払われた。これまで禁じられていた新卒者のあっせんにも道が開かれた。労働市場の規制緩和により、大手の派遣会社の人材紹介業への参入が相次ぎ、競争が一段と激しくなっている。

今回十二月一日から施行された、有料職業紹介の取扱職業が原則自由となったことから、企業は必要な能力を社外の労働市場から求める傾向が強まり、自社で年月をかけてじっくり育成することはしなくなる。一方、求職者の方は、実力さえあれば転職が容易となり、心ある者は、自己啓発によるキャリアアップに努力する。

いずれにせよ、ここでも、派遣事業と相俟って、急速に労働市場が形成され、能力と実力で〝相場(値段)〟が決まってくる。

要は、労働能力分野においても、地球規模での市場原理にさらされるのであり、そこで勝利を得る道は唯ひとつ、自己責任原則に基づく限りなき能力の開発・練磨である。

影響

影響の第一は、当然ながら、労働市場の流動化が世界的規模で加速化されることである。新規事業への進出などでは、人材のほとんどを社外に求めることも可能となる。

影響の第二は、能力主義・実力主義が一層促進され、優劣の二極化が拡大することである。

未来予測

現在でも必要な人材の募集については、各企業が新聞紙上やインターネット上などにおいて直接募集しており、このやり方は続くであろうから、紹介会社の仕事が急激に増加することはない。徐々にゆっくりと増加し、一ケタ台の伸び率となるであろう。

紹介会社の仕事が急増するか否かの決め手は、各企業が直接募集するのと、紹介会社へ依頼する方法を比較して、そのいずれがよりよく目的を達するかによるのである。そのゆえ、紹介会社は専門領域を確立し、企業の直接募集よりも、低コスト、迅速かつ優秀な人材を確保できる力をもつことが生き残りの条件である。

活用法

働く側にとっては、転職がやりやすくなるのであり、必要が生じたときのために、やはり、二つ以上の専門分野を極め、かつその能力を客観的に証明できるよう備えておくことが望ましい。例えば、博士号、特許、論文、資格、具体的な業績……等々である。

他方、採用会社にとっては、応募者に対する能力、人物評価力を高めると共に、社内全体の融和についても十分な配慮が必要になる。また、紹介会社にとっては先にも述べたごとく、企業が直接募集を行うより、「より得になる」サービスの提供に心がけることである。

(3)　労働基準関係

労働基準関係においても、一年単位の変形労働時間制の導入や裁量労働制の創設などが決まったが、このパラダイムが与える影響にも大なるものがある。とりわけ、裁量労働制は労働者が個人責任で定められた成果を出す制度であり、究極の個人成果主義の制度化である。もちろん、職種はかぎられるが、労働形態の多様化を一層促進することになる。

この制度が企業と労働者に与える影響は甚大だ。まずは企業側であるが、達成すべき成果につき内容、水準《レベル》ともに適正な決定ができるかといった問題がある。わが国企業はこれまで個人単位での業績、成果よりも集団としてのそれに力点をおいてきたこともあり、流行として思い付きで導入すると必ず失敗する。まずは、個人と職務との対応を明確にし、個人ごとの達成水準を決めるなどの基盤整備が必要である。

次は労働者個人であるが、企業と合意した一定の成果については、必達しなければならない。しかも、己の実力を自己管理によって達成してゆくのであるからそれほど容易なことではない。意欲も能力もない人には縁のない制度なのである。

裁量労働制というなにげない言葉ではあるが、その奥に潜む本質は実に深遠である。それを働く側からいえば、自己責任による結果主義である。それをやくだいていうと、己にかかるコストの三倍以上の成果をあげることである。年間二千万円の総人件費のかかる人は六千万を自己の能力と意欲で稼ぎ出さなければならない。

逆にいえば、六百万円しか稼ぎ出せない社は年収で三分の一の二百万しかもらえないということになる。

他方の企業側も大変なのである。裁量労働者の達成目標や報酬の決め方、他の従業員との関係……等々為すべきことは山ほどある。少なくとも我が国特有の流行、横並びで導入すると大変な混乱をもたらすことはまちがいのないところである。

(4) 改正男女雇用機会均等法

改正法が施行されて一年有余の日時が過ぎた。男女差別を是正する効果が職場にジワリと生まれている。男性ばかりだった職場に女性が進出したり、深夜業に汗を流したり……。

大阪ガスでは三百人の外回り希望者が出た。彼女ら三百人は道路工事の申請、ガス機器の点検など、〝男性的な仕事〟に順次移動中である。マツダでは、女性社員四十二人が、九九年五月以降工場で深夜勤務を始めた。

改正法の影響には限りなく大きなものがある。

企業は真剣に女性の働く場を開発、創出すると共に彼女が働きやすい環境づくりを急ぐことが必要である。女性の取扱い方それ自体が企業文化やイメージを形成することにもなるからだ。

一方の女性にとってみれば、働く場が拡がることであり、日々自己啓発に勤《いそ》しむことが必要になる。さらに男性にとっては、強敵が出現してくることになる。負けない実力をつけるべし！

7　その他の規制緩和領域

以上には、ビジネスや日常生活において影響の大きい四つの分野を取り上げたが、もちろん、これら以外にも広い分野で規制緩和が行われている。以下には規制緩和が行われている領域についてのみ列挙する。必要に応じて研究されたい。

④医療・福祉―介護保険法など
⑤競争政策―独禁法、持株会社など
⑥情報・通信―NTT法、電波法など
⑦エネルギー―電気事業法・ガス事業法など
⑧運輸―物流二法、道路運送車両法など
⑨住宅・土地・公共工事―建築基準法など
⑩農業経営―株式会社による経営など

⑪医薬品―十五製品群医薬部外品化など
⑫都市計画―都市計画法など
⑬土地利用―国土利用計画法など
⑭公的な業務独占の見直しなど

その他であるが、いずれも新規参入の機会と競争激化をもたらすことは先に例示したものと同じである。

四　高齢化社会

第四は、社会領域の人口分野より、「ピラミッド社会から、高齢化社会へ」である。

概要

高齢化さらには超高齢化社会到来というパラダイム認識についてのライフサイクルは成熟段階に達している。しかし、高齢化が及ぼす影響について十分に認識し、かつ対応を真剣に考え、実践している人は少ない。社会が高齢化するのは、少産少死が原因である。そして社会全体の人口構成はビヤ樽型、ツリ鐘型、さらには逆ピラミッド型にまで進むかもしれない。したがって、高齢化問題を論ずるに当っては、単に高齢者についてのみを対象とするのではなく人口全体を視野に入れての議論が必要となる。

では、次に高齢化は社会に対していかなる影響を与え、いかなる課題をもたらすのであろうか。以下に例示する。

影響

第一は、政治面である。高齢者は政治への関心も高く、選挙での投票率も二十歳代の二倍と相当高い。政治屋が彼らの機嫌とりに始終すればどうなるか？　ここでは高齢者たちの良識の程度が試されるのだ。

第二は、生産労働人口、すなわち、働き手の不足である。二〇〇五年からの不足がいわれているが、国際競争力確保等々からも重大な問題である。これに対しては、適職開発や能力再開発……等々で健康な限り働き続けることも必要である、存在感・重要感を感じながら生きがいにも通じるからである。

第三は、個別企業内においての問題である。それは一つに人件費の増大であり、二つに役職ポストの不足と昇進の頭打ちによる意欲の喪失であり、さらに三つは職務不適応による社内失業者の続出である。四つは定年延長への圧力であり、最後は意欲、能力、体力における個人差の拡大であり、適正配置や処遇に困難が増してくることである。

個別企業内の諸問題については、企業内においての適職開発や能力再開発、新規事業の開発などによって解決できる場合もあり、また、急速に流動化している社外労働市場の中に活路を見い出すことも可能ではある。

そして、ここでも重要なことは、「他人に説明でき、かつ賃金の三倍以上の成果（価値）を挙げられる能力と意欲と健康を維持しておくこと」である。一隅を照すが如き能力があれば心配するほどのことではないのである。

第四は、社会全体の活力低下の問題である。この問題も杞憂に過ぎない。健康と能力、意欲に溢れた人は働きかつ生活をエンジョイする。働かない人たちも、奉仕活動や趣味にと活動する。若者達以上に活動的である。

第五は、年金を中心とした生活費の問題である。厚生、共済、国民の各年金は若年者の減少と受給者の増加から、さまざまな問題を発生させる。一つは年金支給額の低下であり、二つは支給開始年齢の繰り下げである。支給開始年齢については、厚生年金で段階的に六十五歳となることが決まっている。

これら二つの問題に対しては、ここでも自立自助を中心とした「自己責任の原則」に立ち戻ることが必須になる。必要があればいつでも働ける意欲と能力と健康を維持しておくことである。計画的に蓄財しておくことも必要である。

厚生年金については、自己責任原則を視野に入れた、「確定拠出型年金」の導入が決まっている。

第六は、高齢者介護の問題である。高齢者の介護については、二〇〇〇年四月一日より介護保険制度が導入されたが根本的にみて、形式的な保険制度であり、解決できる性格のものではない。問題は内容であり、家族全体を含めた、実のある介護を進めてゆくことが肝心である。一人暮し老人も増加しているが、介護保険でカバーされるサービスは限られており、それ以外のニーズについては個人の責任で補完してゆくほかに方法はない。

ここにも、「自分のことは自分で」という自己責任原則への期待を読み取ることができる。要はムダを省いて貯蓄しておけということだ。

最後は、生きがいの問題である。人は己の存在に対してプラスの反応が得られるとき、最も生きがいを感じる。認められ、頼りにされ、尊敬される自分づくりを若いときから心がけておくのである。孤独とは無視されることなのであり、それは何ひとつ、与えられるものがないことから生じるものなのである。

活用法

以上には、高齢化がもたらす影響とその対応についてごく簡単にみてきたが、以下には個人の生き方とビジネスといった二つの分野に的を絞ってその対応と活用策を述べておく。

まずは、個人の生き方についてであるが、意欲、能力、健康、蓄財……等々のすべてについて、自立自助の自己責任原則を確立することの必然性である。今からでも決して遅くはない。

次はビジネスであるが、高齢化社会には膨大な市場《マーケット》が出現し、新市場参入への機会《チャンス》が開かれていることである。

まずは、個人サイドからは介護福祉士や介護士、その他資格がなくてもできる、たとえば買物や掃除など各種のサービスに対するニーズが生じてくることである。

次は、企業としての介護ビジネスへの新規参入である。新聞紙上には毎日の如くに新規参入に関する記事が出ている。たとえば、福井など各県、各地の農協であり、一般企業では東京電力、三井物産、富士通、加ト吉、グッドウィル・グループ、セコム、ナブコ、日拓産業など枚挙に暇がないほどである。

それらは大別して二つの分野に分けられる。一つは、ホームヘルパーが行うようないわゆるサービス業務への進出であり、二つは介護をよりよく進めてゆくための各種設備や機器などの製造・販売である。たとえば、ナブコが開発した電動補助装置付きの車椅子や日拓産業の高齢者や身体障害者ら介護が必要な人向けの自立支援型介護ハウスの開発などである。これら介護関係の設備・機器の市場は無限に拡がっている。

五　執行役員制

第五の事例は、経営領域の経営者・リーダーシップ分野からの執行役員制についてである。

概要

執行役員制も経営領域の経営者・リーダーシップ分野におけるニューパラダイムの一つである。しからば、ライフサイクル上の位置やいかに。一般的には成長期といえるが、それは、導入する企業の数が増えているというだけであり、質、つまり成果の方は一向にあがってはいない。

導入企業の多くが、真の目的・精神を理解せず、単なる流行として横並びで導入した結果である。恐らく、真の意味での成熟期を迎えることもなく一過性で消滅すると思われる。

意味・狙い

執行役員制とは、「全社的な経営課題に取り組む取締役と、これまで同様に部門の長として機能する執行役員を明確に区別する制度」である。これまでの取締役は一部の例外を除き、部門長の延長線上のポストであり、必ずしも全社的視野をもって経営できる人が就任するとはかぎらなかった。

つまり、執行役員制とは、今までの取締役を執行役員と呼び、新たに真の意味での取締役をつくろうという試みだ。九七年にソニーが〝発明〟して以来、急速に広がっている。

経営機能には、全社経営機能と執行機能とそれをチェックする経営ボード《チェック》機能がある。しかし、わが国ではそれらが「三位一体」になっておりほとんど機能していない。高度成長期では、成長がすべてを癒してステークホルダー（利害関係者）を満足させることができた。しかし、低成長で競争激化の今日においては原点に立ち帰って、本来が別々の機能を存分に発揮させることが必須になってきたのである。

特に「ボード機能」の独立が重要である。ボード機能には、「ネガティブチェック」と「ポジティブチェック」があり、前者は不正チェックなど監査機能の延長線上にあるが、後者は経営の戦略的意思決定が本当に株主の価値をあげているか、など、経営の積極面の方をチェックするものだ。

執行役員制は、全社経営機能の分離に重点が置かれている。米国企業のように三機能を完全に分離している企業を日本では知らない。

狙いは、「経営上の重要な意思決定・監督（取締役）と業務執行の機能を分離し、それぞれの責任と権限を明確にすること」である。

現状

一時のブーム的な熱気は下火にはなったが、導入する企業は後を断たない状況にある。九九年六月に日経がまとめた調査では、上場企業の七％に当たる一七九社が導入を決めている。しかし、狙い通りに機能している企業は稀である。

影響

深く考えないで流行として導入したことから、とくに目立つ好影響もみられない。導入企業も未導入企業も、効果をみないままに形骸化して完わるであろう。社会をかき回しただけ損をしたといった風にならないようにしたいものである。

活用法

それでは最後に、狙い通りの成果をあげられるような導入法についてみておきたい。

第一は、取締役の役割・使命、存在目的を徹底的に定義し直すことである。執行役員についてはほぼこれまで通りである。

第二は、年功ではなくその役割遂行に真にふさわしい経営能力保持者を選ぶことである。

第三は、報酬についても成果主義で報いる。

第四は、全社経営の補佐をするゼネラル・スタッフを育成・強化することである。

第五は、取締役となれる人材を計画的に育成しておくことである。たとえば異なる事業間のローテーション、内外子会社、関係会社への出向などである。

最後は、外部人材の活用である。

いずれにせよ、執行役員制を真に成功させるには、わが国の国民性である、「即物《セツナ》主義」を改めなければならない。目先きのこと以外にはまったく興味も関心も示さない。刹那以外のものはどうでもよいのである。ゆえにむずかしいことや先のことは考えない。「他社と同じようにやっていれば、失敗しても責任はとらなくていいだろう」というわけだ。この刹那の悪根性を叩き直さないかぎりは何ひとつ、まともなことはできないのである。

六　個人の突出力

第六は、経営領域の経営資源分野から選んだ「個人の突出力」である。

意味・概要

心の時代、知恵の時代における最大の経営資源は、独創力を中核とした個人の突出力である。高度成長期の物造り時代には、集団組織と設備・機械がモノ《モノ》を造ったが、現今の如き心の時代にあっては、コト創りができるのは個人の独創力なのである。

先進国を真似た、規格品を量産するためには広大な土地・設備と労働力・秩序が必要であった。だが、ソフト開発など知識産業においては、個々人の感性や知恵などの突出力が経営そのものを左右するようになってきた。もちろん、商品開発においても欧米の真似をする時代は完わり、すべてを自前で発想しなければならなくなった今日では、やはり、個人の突出した独創力が頼りなのである。

個人レベルの独創力・創造力をいかに純粋な形で「商品化・サービス化」できるか、のいかんが経営成果そのものを決める時代になってきた。以下にいくつかの例をあげておく。

活用の現状

企業の若手社員が既存の組織などから離れ自由な発想で商品を開発・ヒットさせる例が続出している。多くの分野で市場が成熟し、万人向けの商品開発が行き詰まりを見せているなか、若い感性を突破口にして「本隊」が忘れがちな消費者のニーズをすくいあげようという試みだ。

一つは、トヨタ自動車が二〇〇〇年、発売する予定の乗用車「W・i L L　V・i」である。おとぎ話の馬車を連想させるデザインで、トヨタらしからぬ奇抜な外観をもつ。

手堅いというトヨタ車のイメージを見事に裏切る。手掛けたのは既存の開発組織ではなく九七年に発足した社長直属組織「バーチャルベンチャーカンパニー（VVC）」だ。VVCは社内の仮想的なベンチャー企業の位置づけで、社内公募で集めた二十代・三十代の若手社員で構成される。

トヨタにとって、若者層の支持を受けることは大きな課題。しかし、従来は、一人が発想した〝独創的なアイデア〟も、様々な部署や階層でもまれるうちに丸くなり、面白みのない企画になることが多かった。

二つは、東京火災海上保険の商品・サービス開発部だ。「これまでの考え方を捨てて、商品・サービス、販売手法を開発してほしい」というトップの指示で発足した。三十代を中心に、部長以下六人の特命組織だ。出社時間や服装は自由、会社に顔を出さなくてもかまわない。

かくして生まれた成果が「フルガード」という保険だ。「個人の日常生活の中で、自動車と建物火災以外のリスクを殆ど網羅した総合保険」である。部署の縦割りにこだわらない同部ならではの商品といえる。

三つは、資生堂ビューテックの若手社員チームだ。中高年に特有といわれるにおい（加齢臭）を抑える体臭ケア商品「ケアガーデン」を商品化し、評判を呼んでいる。植田安紀子さんと西田かおりさんを中心に、香りや容器のデザイン・ネーミングなどすべてを決めた。

四つは、サントリーの片山あゆみさんだ。雑貨感覚の缶入り果汁飲料を相次いで開発した。オレンジ色の缶に太い線で笑顔をあしらった「なっちゃん」、ピンクの缶にウサギが謝っている「ごめんね。」などがその典型だ。

「消費者は高果汁を求めている」という業界の常識を打ち破り、「懐かしさ」をキーワードにした低果汁飲料を開発。缶のデザインにこだわり、甘ったるさを抑えた味で若者を魅了した。

最後は、日立製作所の中型冷蔵庫「野菜小町」の開発である。これは大木博子さんら同社の若手女性チームが開発したヒット商品である。自炊する機会の多い単身女性のニーズにこたえるような、ほどよい大きさで多機能、さらに使い勝手のよい冷蔵庫を狙った。

電子レンジを置きやすいように高さを抑えたり、利用頻度の高い野菜室を中央に据えた三ドアにしたりと、消費者の立場に立った心づかいが人気の秘密だ。

七　インターネット革命

第七は、経営領域の情報分野における「インターネット革命」である。

1　インターネット革命の概念—はじめに

新たなミレニアムという区切りを迎えた今、情報技術（ＩＴ）の画期的な発展を核とした高度情報通信革命が世界を変革しつつある。そして、この情報技術の中でも、産業や日常生活のすべてに一大革命を引き起こしているのが、「インターネット革命」である。デジタルネットワーク革命が個人、家庭、消費者、企業、行政、政治、社会のすべてをかえようとしているのである。

パソコンに向かってキーボードやマウスを操作するだけで、世界中にあるｗｗｗサイトから瞬時にして情報を入手できる。それも単純なテキストだけではない。画像あり、動画あり、音声ありと実に多彩なのだ。

さらに、インターネットの世界には「ハイパー・リンク」という画期的な特徴がある。もっと詳しい説明や参照すべき他のサイトなど、ページを見る側の関心に沿って次つぎと情報空間を〝サーフィン〟できるのである。

検索エンジンの力も絶大だ。溢れる膨大な情報にふるいをかけ、必要な情報に辿り着くまでの手間と時間を大幅に削減してくれる。

それだけではない。インターネットは肩書きや所属する組織などに依存しないきわめてフラットな世界だ。情報の発信者も受信者も常に対等であり、それだけに〝人間関係のしがらみ〟のない情報が縦横無尽に行き交う。彼らの顔は輝き、創造性に溢れている。まさに〝個〟がすべての世界なのである。

それでは、企業の実状や如何《いかん》。結論的にいえば、〝情報過多のなかの情報不足〟に陥り、すべてが空廻りし、職場はストレスの坩堝《るつぼ》と化している。手段が目的化している。

その理由《わけ》は何か。それをひとことでいえば、「パラダイムシフトに適応できていない」からである。ややや具体的に述べると、現今と未来の世界大競争に勝ち残るために真に必要とされている経営資源は、個々人の知力、組織の知力へとパラダイムがシフトしているにもかかわらず、そのことについてほとんどの人が真の理解に至っていないことである。相も変わらず、昔のやり方の延長線上でしか考えていないのである。これではうまくゆくはずがない。

しかし幸いなことに、個人知の創造という観点からみてわれわれはインターネットという力強い味方を得た。インターネットには個人の知力・創造力を高める方向に向かわせる強力な促進力が宿っている。今こそ、この新しいパラダイムに向けて固定観念を払拭することが焦眉の急である。

個人の知恵やノウハウなどの知力を重視する企業は、既に行動を起し、効果を出し始めている。そく人的な知恵やノウハウに形と流動性を与えて個人や組織の知力を増幅させ、それを企業競争力の源泉と位置付ける仕組み、すなわち「ナレッジ経営システム」の完成を急がなければならない。

要は、インターネット革命というニューパラダイムを絶好の機会《チャンス》と捉え、経営その他に存分に活用することが肝要なのである。

2　インターネット革命の本質と特質

インターネット革命をニューパラダイムと認識しかつ存分に活用するためには、その本質や特徴について理解しておくことが必要である。

(1)　本質

種々多様な特徴のうち、根本的・基底的なものを本質として八つに絞って述べておく。

第一は、情報の即時共有性である。情報が時間と空間（距離）の制約を超えて、誰にでも、どこででも、いつでも即時《リアルタイム》に共用できることである。

第二は、機能の代替性である。IT革命は、産業革命が人間の肉体労働を機械と石化エネルギーに置き換えられたように情報化は、人間の記憶・推論・他とコミュニケーションする機能の一部を情報機器・ネットワークに置き換えたものである。

第三は、情報の個人最小原単位性である。情報の受発信は社会の最小原単位である〝個人〟によって行われるという本質である。この本質からは実に多方面にわたって革命的な影響を与えることになる。

第四は、情報の双方向性《インタラクティブ》である。しかも、時空を超えるところが本質的なのである。

第五は、情報の仮想空間性《バーチャルスペース》である。インターネットでのやりとり自体は、文字通り、情報だけで実物が伴わない仮想世界での出来事である。ここからもまた、数々の可能性と共にリスク発生の危険をはらんでいる。インターネットも所詮は一つの媒体であり、その両側にいるのは人間なのである。

第六は、自己責任性である。自分が主役のインターネット世界では、それがいかなる結果になろうとも、すべては自己責任である。

第七は、格差解消性である。個人の創意やノウハウなどが中心となるインターネット世界では、これまでに存在した多くの格差が縮小あるいは解消され、場合によっては逆転することすらある。それら格差とはたとえば、時間・空間・情報・規模・地位・権力・企業系列・販売網・都市と地方・上司と部下・職業人と家庭人……等々である。

第八は、個人優位性である。長い間、鉄壁の如き階層権力構造の中に組み込まれ、純粋な〝個の人間性や創造性〟を活かす機会の少なかった個人にようやくおそまきの春がやってきた。個人を活かせる環境が整ってきたのである。

(2) 特質

インターネットは、これまでのリアルな三現社会（現場・現物・現実）に対して以下のごとき特質をもつ。

第一の特質は、不確実性が一層拡大されることである。デジタルネットワーク社会では三現《リアル》から離れた実体のない〝情報〟を中心に仕事が進み、社会や経済が動いてゆく。物のような形のない情報（心・内面）は、物のごとき形による評価・チェックの機能に欠けるところから、自ずと自由奔放となりやすい。何が出てくるかもわからない。真偽も定かでない。仮想空間《サイバースペース》は虚構空間かもしれないのだ。

そこでは自己責任で本質を見抜く能力が必須であるが、その最高の手法がパラダイム発想法と目的発想法なのである。

第二の特質は、微差が大差となることだ。情報が広範囲に一挙に伝わる高度情報通信社会では、最初の〝情報の出し方〟によってその後の成果が大きくかわってくる。すなわち、最初の情報の内容、コピー、提供の仕方、タイミング、他社のそれらとの関係……等々、わずかの違いが、良い方向に対しても、悪い方向に対しても、予想もできないほどの大差となってゆくのである。そこでは因果律や目的手段体系など論理的な説明はほとんど不可能であり、不連続かつ突然変異のごとき観を呈するのである。

したがって、そこには、一人勝ち《ウイナー・テーク・オール》や収穫逓増といった結果がしばしばみられることになる。

第三は、大小の力の差がなくなり、個人や小企業などが大を操れるようになってきたことである。小もまた結集すれば大となれるのだ。

第四は、ビジネスのゲーム化が促進されることである。仮想空間《サイバースペース》のなかで行われるビジネスは当然のこととしてゲーム化してくる。そこではゲームに強い者が勝者となるのだ。

第五は、能力の二極化が鮮明になることだ。ＩＴを縦横に駆使してゲームに勝つエリートと落伍者に二極化する。そこには不公平感など新たな倫理問題への対応も必要になってくる。

第六は、その無限に近い能力拡大である。

インターネットは九十年代に入りわれわれの前に忽然と姿を現わした。時空を超越したサイバー世界である。それは実物《リアル》でないサイバー世界であるがゆえに、その能力《キャパ》はどこまでも拡大するのである。

第七は、小さな力や小さな情報など小や微をサイバー空間を通じて大きな力に結集できることである。その好例は、「迷子になった需要と供給のマッチングサービス」であり、さまざまな業界が取り組み始めている。ネット上では末端までの情報をきわめて安価かつ迅速に集約できる。そこにオークションなどの手法を入れれば、売り手にとっての高売価と買い手にとって低価格の同時実現が可能となるし、中古品リサイクルなどの可能性も大幅に高まる。物財だけでなく、運輸、電力などの設備産業のキャパシティー取引にも適用できるのである。

第八は、情報や知識の交流、連結、組み替えによって、新しい価値を創造できることである。そこでは、多様な情報や知識を統合化・体系化し、そこから新たなビジョンや仮説を導き出す概念化能力と仮説構築能力が求められる。

第九は、境界の流動化と融合である。インターネットは世の中のありとあらゆる境界を超えてしまう。階層、組織、企業、国、家庭と職場……等々あらゆる壁や境を軽々と超えてしまう。リナックスの開発でみられるようにビジネスとボランティア活動の区別さえ流動化させてしまうのである。

この流動化の中には無限のビジネス機会《チャンス》が存在しているのだ。

第十は、パワーの大逆転である。インターネットで大逆転したのは、生産者優位、供給者主導の論理から顧客優位、消費者主導の論理へとである。消費者は自らの意思に基づいて、明確な選択権を行使し始めている。今や企業が選ばれる時代なのだ。消費者はさまざまなネットワークを通じた情報や知識の獲得、共有化、創造、活用によって、高度な選択力を発揮し始めている。

かかるパワー構造の逆転はビジネスの世界以外でも至るところで生じている。教育や医療の分野などである。

このような世界で生きるわれわれに求められるのは柔軟な発想と身軽いフットワークである。

第十一は、革新が常態化することである。デジタルネットワークそのものが、いわば〝革新生成装置〟というべきものであり、その影響するところからみても、ネットワークシステムのどこかを少しいじれば即《そく》革新となることがあるのだ。

第十二は、心と形、情報と実態、仮想と現実、ソフトとハード、形而上と形而下……等の二元化が、数々の新しい危機《リスク》を招来すると予測されることである。たとえば、ネットワークで使用されるシステムの内容についてはほとんどがブラックボックスの中にある。システムを作る人と使う人とは別人である。いついかなる大事故が起こるやもしれないのである。

最後は、スピード実践の重要性である。超ハイスピードで激変するインターネットの世界では、待っていては何もできない。まずは形から入ってやってみることだ。誰よりも早くやってみることだ。やりながら修正してゆけばよいのである。

3 インターネット革命の現状

(1) 革命の嵐

新ミレニアムに突入するや、日本には革命の嵐が吹き荒れそうだ。それこそは「インターネット革命」である。BtoC(企業対消費者)BtoB(企業対企業)の両面で、本格的なビジネスが立ち上がっている。

インターネット革命を予感させる出来事が次つぎに起こっている。

その一つは、日本を代表する大企業の参加である。一月初旬、セブン-イレブン・ジャパンなど巨大企業八社が、コンビニをインフラとするEコマースを夏場から開始すると発表した。「バーチャル(仮想)とリアル(現実)の融合」がキーワードである。日本型ネットビジネスのモデルとして、一身に期待を集めている。

BtoBの分野でも、伊藤忠商事と丸紅がネット技術を使い、鋼材の売買を行うバーチャル取引所を開設する。BtoBの市場は二〇〇三年には六八兆円にも達するといわれる。

第二の加速要因は、画期的な技術である。通信面では高速、大容量の情報が送れるブロードバンド化の進展とＡＳＰ事業の本格的な立ち上がりである。

第三は、通信コストの低減が視野に入ってきたことだ。インターネット普及の最大のガンといわれてきた高い通信コストは、ＮＴＴの〝ラストワンマイル〟独占に原因があったが、東京めたりっく通信、スピードネットなど新規参入者の登場で、打破される時が迫っている。

第四は、インターネット市場は、過去最大ともいえる成長機会であることだ。目の前に無限の可能性が横たわっている。ほんの数年で億万長者が続出している。

先行する米国からの進出もいちじるしい。カーポイントとオートバイテルは営業を開始し、アマゾン・ドット・コムは日本上陸を狙っている。

第五は、規制緩和であり、それには例えば通信事業の参入規制の緩和や証券取引手数料の自由化などがある。

それでは、以下にインターネットの現状についてその代表としてＥＣを取りあげてみよう。

(2)　電子商取引（ＥＣ）の現状

インターネットのなかでももっとも成長が見込まれるのが電子商取引（ＥＣ）の分野である。わが国では二〇〇〇年前半に爆発的に普及すると見込まれている。

すでに兆しは、出始めている。楽天が運営するインターネットショッピングモール「楽天市場」の九九年十二月の取扱高は、前年同月の九倍に当たる十億円強に達した。

ＥＣの特徴は実際に店舗を構えなくても商品情報を全国に発信できること。楽天市場は千商品まで扱う店舗を月額五万円で出店できる。出店社数は東急百貨店など約千七百にのぼり、月間二百社のペースで増え続けている。

デジタルネットワークの発達で、お茶の間から商品を注文する新時代のショッピングが目前に迫っている。日用雑貨や洋服・食料品などに限定された従来の通信販売と異なり、株や保険などの金融商品まで広がるさまざまな商品・サービスの利用が可能になる。商品やサービスによっては、携帯電話からの注文も可能になっているのだ。

九九年は「ネット販売元年」といってよい。米国に次ぎ、日本でもさまざまなＥＣビジネスが離陸した。ネット競売も始まった。九九年九月末にサービスを開始したヤフーでは一日の落札額が五千万円を超え、活況を呈している。

空室を即時販売し、最大六割強の値引きを実現する旅行サービスも登場した。自動車では米オートバイテル・ドット・コムや、米マイクロソフトのカーポイントなど外国勢の日本参入も相次いでいる。

ネット販売は金融商品にも広がっている。昨年十月の株式売買委託手数料の完全自由化を受け、ネットを利用した証券取引も増えている。また、ネット利用の銀行取引サービス（ネットバンキング）も活発だ。

東京三菱銀行の「東京三菱ダイレクト」サービスのうち、パソコンと携帯電話からの利用件数は、九九年十月で三千―四千件に上った。十二月からは米マイクロソフトの子会社、ウェブ・ティーピー・ネットワークスと組み、同サービスをテレビ画面でも利用可能にした。

現在はパソコンを使うサービスが主流だが、デジタル家電や次世代ゲーム機の登場により、パソコンを使わなくてもネット取引ができるようになる。

お茶の間に普及したテレビも有力候補。リモコンの簡単な操作で商品購入・決済が完了することから、外出しにくい高齢者の手助けにもなる。

携帯電話も次世代では、携帯端末となり気楽に商取引ができるようになる。

通産省とアンダーセンコンサルティングは、日本の個人向け電子商取引の市場規模が二〇〇三年までに三兆千六百億円に達すると予測する。ちなみに通信販売市場は現在、年間二兆円である。

4　インターネット革命の未来

九十年代、パソコン革命にネット革命が合流し、ＩＴ産業で革新の大奔流が起きたが、それは「ビッグウェーブ」の序章に過ぎない。二〇〇三年までに高速通信が開花し、バイオ・ビジネス、新エネルギー産業が力強く立ち上がるという。

『第三の波』の著者で未来学者のアルビン・トフラーは二十一世紀初頭に情報革命とバイオ革命が融合し「バイオ・インフォメーション・エイジ」が到来すると予見する。その『第四の波』の衝撃は第三の波よりはるかに大きいという。

今からの三年間、ビジネス環境にはかつてないほどの地殻変動が訪れる。変化の要因は多々あるが、その中でもとりわけ目立つのが、インターネットの浸透である。

パラダイムにはライフサイクルがある。今、インターネット革命は成長期にあるが、さてその先はどうなるのか、予測してみよう。

それでは、以下にネットワークの近未来を予測してみよう。

パラダイム発想法では、パラダイムをライフサイクルで捉えることを特徴の一つとしているが、余りにも速く激変するネットワークについても、三年先までの予測をしておきたい。変化が予測できなければ対応策も立てられないからである。

二〇〇三年初頭には、インターネットの普及率が五〇％を超え、パソコンの世帯普及率は六〇％に達するだろう。

二〇〇一年には国際標準の携帯電話ＩＭＴ-２０００が登場し、学生やビジネスマンを中心にモバイル・コンピューティングが急激に普及している。これはちょっとした動画像ならほとんどストレスなく送れるため、この技術を内蔵した携帯情報端末が相次ぎ発売される。

この結果、二〇〇二年には「ユビキユタス（遍在）コンピューティング」が現実化する。家庭や電車、自動車、ホテルなどいつでも、どこからでも、必要な情報をアクセスできるようになる。

ネットワークや端末の普及に歩調を合わせるがごとく広がったのが、インターネットによるビジネスだ。本やチケットなどインターネットで販売しやすい商品は、三年もすればインターネット経由の売上高が実店舗のそれを追い越しているかもしれない。自動車についても、ディーラーで実際に購入するまでに八割以上の購入者は、インターネットであらゆる情報を集め、比較し、意中の車を決めるようになる。自動車メーカーは、最優先でインターネット上に情報を流さなければならない。

以下やや具体的に予測してみよう。

まずは、政府等行政機関の動向である。九九年に政府が打ち出した「スーパー電子政府構想」の内容が着実に進捗し、二〇〇三年にはスーパー電子政府が本格的に始動している。たとえば、住民票や戸籍謄本などもインターネット経由で二十四時間いつでも入手できるようになる。

公立の小中高校でもインターネットの接続が当然になっており、主婦もインターネット経由で送られてくる電気やガスなどの公共料金データやクレジット・カードの利用明細データをみながら、パソコン上で家計簿をつけている。

次は、企業間電子商取引の急増である。九九年に一二兆円だった市場規模は二〇〇三年には六八兆円と五倍以上に急増しているはずである。とりわけ電子情報関連製品は、全取引の実に四二%が電子商取引に移行してゆくだろう。その中でもパソコンや携帯情報端末などの情報機器分野では、そのほぼ百%が電子商取引となるであろう。

最後は、ＡＳＰ（アプリケーション・サービス・プロバイダ）の急激な普及である。ＡＳＰとは、インターネットを経由してソフトウェアの機能を期間貸しする業者のことである。

ＡＳＰ利用急拡大の理由は、次の三つである。

一つは変化のスピードが速く、いちいち自社で購入や開発をしていては間に合わないこと、二つはＡＳＰ各社が提供するアプリケーションの機能が各社で独自に開発したものに匹敵するようになってきたこと、最後は価値を生み出すのは情報システムそのものではなく、システムの活用法や蓄積・分析するデータであるという認識が定着したことである。

以上ごく簡単に三年間予測をしてみたが、それらをまとめれば、〝ａｎｙ〟の時代が一応の体制を整えてくるであろうということだ。〝ａｎｙ〟とは、いつでも、どこでも、だれでも、どんな機器でも、そして、どんなコンテンツでも、といった、頭にａｎｙのつく言葉である。それはまた、「ユビキタス・インターネット」が実現されている状態ともいえる。

最後に総括すれば、二〇〇〇年以降の数年間は、それ以前のどんな時期よりも激しい変化が沸き起こるということだ。視界不良の時代には、「マネジメント・コクピット」や仮説・検証型のマネジメントも不可欠になる。見通しが利かないのであるから、施策を一つひとつ検証しながら、状況に応じて進むべき道を探すしかないからである。

図表２－２　３年間の予測

2003年	2002年	2001年	2000年
・インターネット・ビジネスの世界市場規模が一兆ドルを凌駕する ・米国ではＡＳＰサービスの市場規模が二百億ドルに達する ・スーパー電子政府が本格的に始動 ・「ユビキタス・インターネット」が実現している	・携帯情報端末の出荷台数がパソコンのそれを凌駕する ・米国では授業をインターネット経由で受講する教育サービス市場が百億ドル規模に拡大	・次世代ゲーム機をインターネット端末として利用する動きと情報家電の登場による家電のネットワーク化が加速 ・動画も扱える次世代携帯電話サービスが始まる ・パソコンのインターネット直販が間接販売の売上高を凌駕する ・すべての公立小中高がインターネットに接続	・定額・低価格の高速通信サービス登場 ・三万円台前半のパソコン（本体）登場 ・熟年層のインターネット利用を促進するコンソシアムの始動 ・多くの企業がインターネット・ビジネス市場になだれ込む

5　インターネット革命の影響と波及効果

それでは以上のべてきたがごとき、インターネット革命の実態と未来は、個人や私生活、家族や仲間、経営や仕事、教育や政治、行政、社会や倫理・道徳……等々の森羅万象に対していかなる衝撃《インパクト》と影響を与えるのであろうか。

それらはいずれも、先に述べたインターネットの本質や特徴からも生じてくるものである。

第一は自己責任が強く要請されることである。たとえば株式のネット取引を考えてみるとわかりやすい。営業マンに勧められて売買するのではない。自分で直接、即刻決断する。すべては己の責任で行うのである。

第二はそれゆえに、インターネットの活用者には高度の判断能力が要求されることである。高度の判断能力とは物事を構造、体系、時間、空間、水準《レベル》の中に正しく位置付けたうえで最適の解を出す能力である。特に金融、証券関係の仕事には高質の判断力が要求される。

第三は「一人勝ち現象」が起こることである。

それはネットの伝達力により、実力以上に売り上げが伸びる場合があるからだ。

第四は、多くの分野において、遠心化、フィールド化、分散化、点在化、個別化、細分化が促進されることである。個人が原単位になり、ネットで完結する仕事が多くなるからである。極論すれば事務所は不用になってくるのだ。ＳＯＨＯはますますふえてゆく。

第五は、供給側、ユーザー側共に信頼を確立することの必要性である。顔の見えない画面だけでの取引きであることから、お互いの信頼関係が前提なのである。インターネット・ビジネスの成否は、経営資源の中核を成すところの商品、社員の対応、企業全体……等々に対する信用と信頼によって決まってくる。

第六は、オタク化、孤立化、疎外化が一層促進されることである。端末やパソコンさえあれば他人と接することもなくほとんどすべてのことは座ったままの姿ですますことができる。人間が社会的動物であることを忘れてしまう光景も日常茶飯となる。隣の席の同僚とも口を利かずにメールでやりとりする。若者は携帯電話の番号と呼び名しか知らない友人関係となり、子どもはゲームのために部屋に閉じこもってしまう。ニュービジネスの芽はここにも存在する。

第七は、サイバー世界と現実世界の区別がつかない人びとが増えてくることである。ゲームと同じように人を殺すなどが起こってくる。この問題に対しても、ニュービジネスの可能性は大きい。

第八は、階層や中間を排除する効果である。ITは情報の伝達量と速度、費用を劇的に変えたが、これが企業経営では情報の伝達役だった中間管理職のリストラにつながっている。

第九は、会社など組織体そのもののあり方がかわってくることである。現在のすべてのシステムが、物造りを中心とした産業社会に支えられた国民国家を前提に組み立てられている。コンピュータのネットワークがつくり出した仮想空間《サイバースペース》などは想定しておらず、生身の人間が物《モノ》を相手に現実的《リアル》に処する現実空間との格差が大きい。仮想空間と現実空間との折り合い、統合をいかにするのか。その仕方にこそ企業の生死がかかっている。

モノづくりから知識やサービスの創造、提供が中心になってきた今日、経営資源として最も重要なものは、生身で裸の個人のその無限の可能性である。個人の知と感性と意欲と行動力が企業の業績を決める。近い将来の企業組織は、個人の意欲、能力を生かしきれる「一人会社制」の組織が主流になるであろう。

第十は、能力の二極分化である。デジタルネットワーク社会での仕事のやり方では、まずは個人ありきから始まる。これまでのように組織と設備で物を造る時代であれば上からの指示を待っていればよいが、個人の企画・提案が中心になって仕事が進む「一人会社制」の時代には、能力に大差が生じてくる。パソコンやインターネットなどのＩＴ技術を駆使し次つぎと高価値の仕事を開発、創造してゆくエリートと自分では何ひとつ新しい仕事は創れない「落ちこぼれ」に二極化してゆく。

第十一は、国際的な問題の発生である。将来国境を越えた取引や決済が単一の電子マネーで行われるようになると主権国家の通貨発行権が脅かされる。通貨供給量の調整で国内経済を運営することは不可能になる。また、課税権も危うくなってくる。

第十二は、新しい形の混沌の発生である。ＩＴ革命はわれわれを目的地を知らない世界へ放り出したからである。

第十三は、あらゆる方面における危機の続出である。超高速、多量の高度情報通信社会では常に危険と同居している状態である。

第十四は、本物の実力が問われる世界大競争が展開されることである。情報は平等に白日の下《もと》に晒されるとなると生き残るのは本物の実力企業、実力者のみである。

第十五は、企業と消費者の力関係の逆転である。あふれる情報の中から選ぶのは消費者自身である。その内に、商品やサービスの評価サイトも出てくる。これまでのようなおためごかしの「顧客重視」は絶対に通じない。

第十六は、〝目に見えない規制〟が緩和されることである。例えばメーカーの販売系列化や建設業界における下請構造などである。

第十七は、業界、系列、国境……等々あらゆる分野の垣根が消失することである。

第十八は、競争の主眼が、情報ネットワーク上にいかなるビジネス・モデルを構築できるか、に移行していることである。

第十九は、経営や業務のキーワードが、真善美、本物、スピードにかわってゆくことだ。要は真贋が問われる時代に突入したのである。

第二十は、情報を分類・整理、体系化・構造化するビジネスが本格的に始まることである。ヤフーなどはそのはしりである。

第二十一は、経営や仕事、教育や生活などあらゆる人間活動が、〝修飾語〟付きで行われるようになることだ。物造り時代の経営や仕事は、名詞と動詞を中心に行われてきた。しかるに、今日のネット社会では、あらゆる面の高質化を狙って、形容詞や副詞の修飾語付きのやり方が必要になってくるのだ。たとえば、早く、正確に、安く、楽しく、美しく、などである。

第二十二は、〝ａｎｙ《エニイ》〟の波で生活とビジネスが一変することである。いつでも《エニイタイム》、どこでも《エニイホエア》、だれでも《エニイワン》、どんな機械でも《エニイメディアム》、そして、どんなコンテンツでも《エニイコンテンツ》。こんな時代はまさに目の前に迫っている。インターネットはあらゆる面で利用可能となる。

そこでは、一般消費者の生活は一変する。企業は人びとの生活スタイルの変化に合わせて、ビジネスそのものをインターネット・ベースへとかえてゆかねばならない。企業はビジネス・スタイルそのものを抜本的にかえる時期に来ているのだ。

第二十三は、サービス・プロバイダの活躍である。インターネット社会の成否の鍵を握っているのがサービス・プロバイダであり、彼らは堂々と表舞台で活躍するようになる。

たとえば、ＥＣサービスのプロバイダ、アプリケーション・ホスティング・サービスのプロバイダなどであり、彼らの提供するサービスの質でインターネットの質が決まってくるのである。

6　インターネットの活用

地球上には現在、八億強のホームページ（ＨＰ）があり、毎日百万単位で増え続けている。さて、かかる膨大な情報とネット機能を有効に活用するにはどうしたらよいのか。これについては、各種の著書も出版され、また、各企業、各個人とも日夜、創意工夫されていることから詳細に入らずその概観のみにとどめたい。

(1)　個人レベルでの活用法

まずは個人レベルでの活用法である。

第一は、情報収集への活用である。仕事や趣味などあらゆる情報を入手できる。

第二は、双方向性を活用した各種の交流・交換・交易である。物品その他の売買も容易にできる。ＨＰの開設により、さまざまな出合いや交際を始めることができる。

第三は、情報やデータを「知」にすることである。単なる電気信号である情報やデータを十分に咀嚼し最適に活用できる能力、知恵を身につけてゆくのである。

(2)　企業レベルでの活用法

先に述べたインターネットの本質や特質・影響や波及効果などから、その活用法は無限に近いものがある。ここにはその一部を紹介することにする。

第一は、戦略立案や経営計画などへの活用である。ここでは必要な情報を世界中から収集することができるが、その際に重要なのは個人間でのやりとりで得られる〝暗黙情報〟である。これからの経営は情報ネットワーキングの質でその成果が決まる。

第二は、調達への活用である。現在、話題沸騰の活用法である。多くの企業が資材や部品の調達にインターネットを使い、成果をあげている。いわゆるBtoBの取引きである。そこでは、①コストの低減、②新たな調達先との出会い、③在庫削減、④工程短縮、⑤開発期間の短縮、⑥事務処理の容易化……等々の効果が顕著である。

第三は、アウトソーシングへの活用である。情報共有、リアルタイムでアウトソーシングが容易となり、市場は一層の拡大を続けている。

第三は、マーケティングへの活用である。それには大別して五つの分野がある。

一つは、マーケティングリサーチ面である。散在する情報を集め、あらゆる角度からの分析を行い、消費者ニーズを明らかにする。Eメールなどでユーザーの声を直接聞けることの効果も大きい。

二つは、販売面である。ネット上にHPを開設したり、オークションを開いたりしての販売である。これにはBtoCとBtoBの双方がある。楽天市場などでは既にかなりの実績をもつ。

三つは、需要と供給のアンマッチ解消に向けた活用である。末端に点在する需要と供給の情報を拾い集めて、両者をマッチングさせる活用法である。この分野にも無限の可能性がある。

第四は、体質強化、業務効率面への活用である。インターネットの本質や特性から多方面の業務効率化が可能だが、その中でもとりわけ、SFA、TCO、CTI、OLAP、BTO、STAR、CRM、ECR、SCM…等々への活用に威力を発揮する。

第五は、ニュービジネスへのインターネット活用である。たとえば、インターネット・ソリューション・ビジネスへの進出などがある。

(3) 業種別活用法

最後は業種別の活用である。

第一は、製造業であるが、資材調達やアウトソーシングを中心に活発に活用されている。

第二は、流通業であるが、ここでも商品の調達や直販・オークションなどに活用されている。

第三は、ロジスティックスであるが、たとえば、荷物追跡システムなどへの活用である。

第四は、データ配信サービスであるが、たとえば、MP3なる技術による音楽配信である。

最後は、金融業であるが、物《ブツ》が伴わない業界であるだけに無限の可能性があり、その活用力によって企業の業績そのものが左右される。

7 ニュービジネスの機会急増

インターネット革命は、ビジネス社会に対しても多大の影響を与えている。その中のひとつが、ニュービジネスの創出である。

(1) インターネットの存在目的と手段機能

ニュービジネスについて体系的に述べようとしたとき、体系化するための切り口、アプローチ法が容易にみつからないという壁に直面した。そこで、ここでは、目的発想法を使用することとした。

そこでまずは、インターネットの存在目的すなわち、最高目的を明らかにしなければ何事も始まらない。

インターネットの存在目的とは、「情報活用の効率性を高めること」である。さらにその上の目的は何か。それは、「日常生活や仕事など人生万般の内容をより豊かに、充実したものたらしめること」である。

それでは、「情報活用の効率性を高める」という目的を達成するための手段機能にはいかなるものが必要とされるのか。インターネットの当事者には、大別して、ユーザー、サプライヤー、サービス業者の三つがあるが、ここではユーザーサイドに立った機能を中心にみてゆきたい。その機能とは以下の十三である。

①何が必要な情報かを知る―必要情報認知機能
②必要な量を得られる―量的機能
③必要な質を得られる―質確保機能
④必要な時必要なタイミングで得られる―時間的機能

⑤必要な場所で得られる—場所的機能
⑥誰もが得られる—平等性機能
⑦正確に得られる—正確性確保機能
⑧楽しく、楽に、快適に得られる—快適性機能
⑨経済的に得られる—経済性機能
⑩わかりやすく得られる—容易性機能
⑪美しく得られる—審美的機能
⑫活用目的を知る—目的認知機能
⑬使用方法がわかっている—方法知悉機能

以上には十三もの機能を列記したが、それらの本質をまとめて簡潔に表現すると次のようになる。すなわち、インターネットの目的を達成する手段機能とは、「必要な情報が必要なときに、必要な場所で、必要なコストで、必要な質を保持して、受信・発信できること」であり、いわば「五《ファイブ》つの適正《ライツ》」で、行われることである。

ニュービジネスは、以上十三の機能から必要とされるサービスであるが、実際にビジネス化される場合には、種々の機能が入り混ってくるのが普通である。

したがって、以下に紹介するニュービジネス項目には、先に述べた十三機能のいくつかをまっとう

するためのビジネスである。いちいち解説はしないが、そのような視点でご覧いただきたい。

(2) ニュービジネスの可能領域

① オーガナイズ・ビジネス

最初の項目についてのみ、先に述べた機能との関連性を付言しておきたい。このビジネスでは十三機能のほとんどに寄与するが、とりわけ、量的機能、質的機能、時間的機能、場所的機能、容易性機能などが達成されるのである。

インターネット上には個人が必要とする情報が分散しており、必要なものだけを早く、楽に安く入手するには大変な苦労がいる。そこで出てくるのが個人が必要とする情報をひとまとめにして提供する「オーガナイズ・ビジネス」である。

インターネットの普及とカジュアル化に伴って、分散した情報をオーガナイズするサービスには無限の可能性がある。

以下に、具体的な内容を示す。

まずは、ネットワーク上に分散した情報をまとめて提供するサービスである。これにより、ユーザーは「どこにいても自分が知的作業を行う際に必要な情報をネットワークから取り出せる」ようになる。これまでは一台一台のＰＣにインストールされたソフトウェアで情報を管理せざるをえなかったが、このサービスによって、ブラウザのインストールされたＰＣがあれば、ユーザーはウェブ経由でどこからでも自分の情報環境にアクセスできるようになる。

次は、メディアの形式を超え統合して情報を提供するサービスである。これはユーザーが利用する情報をメディアのフォーマットを超えてウェブ上に集約してまとめるサービスである。いわば知のインフラである。

現実的にわれわれが渇望しているのは、研究、著作、講演……等に際して必要な情報である。自分の専門領域でも現今では余りにも変化が激しくかつ他領域との関係が広がっており、われわれは常に、専門と専門外とを問わず、体系的かつアップ・トゥ・デートの情報を希求しているのだ。

それはいわば、情報図書館といったものであり、知のインフラである。この分野には、ビジネスとしての無限の可能性がある。

② コーディネーション・ビジネス

バーチャル化の進展は同時に情報洪水と複雑さを加速させた。水平分散型のネットワークであるインターネットは、構造上「どこに何があるか」を把握することはむずかしい。ネットワークを流れる個々の情報の中身にまで踏み込んで把握するのはなおさらむずかしい。検索サービスやディレクトリサービスがポータルとして重要な位置を占めるのはそのためである。

しかし、検索エンジンやディレクトサービスは、単純なキーワードのマッチングや分類によってしかニーズに対する回答を提示できない。

これからの時代にもっとも必要なのは、「自分が必要とするコンテンツをもっているのは誰か、どうすれば素早く取り出せるか」という問いに対し、最適な回答をコーディネートして伝えることである。そこではユーザーのニーズに合ったコンテンツをコーディネートし、継続的に提供するエージェントのようなサービスが必要になる。この分野にもそのマーケットは無限に近いものがある。

その内容は、大別すると次の三つになる。

一つは、最適な回答を提示するサービスであり、ノーザン・ライトなどが提供している。

二つは、継続的なコンテンツの提示をするサービスであり、自分専用のポートフォリオを登録しておく。ヤフーなどが始めている。

自分にとって有益な情報が場所の制約を超えてグローバルに入手できる可能性があり、自分がインターネットに接続しないあいだにも情報が提供されるインターネットの特性を考えると、このサービスの効果は絶大である。

しかし、現状ではニーズと情報を適切にコーディネートすることはコンピュータの自動処理だけではむずかしい。なぜならば、インターネットの仕組みやコンテンツそのものがまだ初期段階であり、内容的にも質的にも、なお混沌状態を脱していないからである。またサービス提供側にしても、真のユーザーのニーズをつかみきっていないこと、混沌とした玉石混交の膨大な情報の体系化、構造化、分類、整理ができていないこと、などがある。

当分の間は、人が介在してより質の高いコーディネーションを行いつつ、質の向上と運用コストをいかに低く抑えるか、という工夫が必要になる。

とにかく、サービス側と利用者側の双方にとって、本項ほど重要なものはない。

三つは、ユーザーと専門家をコーディネートするサービスである。これはエクスパート・エクスチェンジ（ＥＥ）といわれるもので情報技術に関するノウハウを提供するサービスである。

③　位置情報ビジネス

遠隔地にいる人や自動車あるいは特定の物品などが、現在どの場所にあるのかという位置情報を探し出したり、どんな状況にあるかという状態・状況などを簡単に知ることができれば、新しいサービスの創造が可能である。

位置情報は、ＧＰＳ機能を用いたり対象としたＰＨＳなどからの電波をどの基地局で捉えているかなどにより測定できる。

そこからは、以下のごときニュービジネスの創造が可能である。

Ａ　位置情報を検索して提供するサービス

モニタリング情報サービスとして、アステル東京の「Ｐナビ／モニタ」がある。

Ｂ　検索されたシステムを応用したシステム

これは位置追跡型サービスであり、機械・設備などの保存や修理・整備業務などにおいてクライアントにもっとも近くにいる人をまわすなどに利用するものである。これはまた、社会システムとしても、犯罪者もしくは特定の車両を追跡する防犯システムにも利用できる。さらには、物品の位置追跡にも可能である。

C　人の行方《ゆくえ》と状態をモニタリングするサービス

人間の状態として、体温、血圧、心拍数など、その人に特定の情報を二十四時間モニタリングするような健康管理サービスが考えられる。徘徊老人などにも介護支援として活用できる。

D　機械や自動販売機などの稼動状況をモニタリングするシステム

工作機械を遠隔診断し、出向かずに不具合を修正し、ユーザーのNCプログラムに反映させる。また、ソフトウェアのバージョンアップもネットワーク経由で行う。自動販売機の売り切れ情報もつかむことができる。

④　教育、コンサルテーション・ビジネス

余りにも急激なITとりわけインターネットの世界には、IT技術教育やインターネットの戦略的活用……等々について無限のニーズがある。IT関係以外の教育にも幅広い分野がある。たとえば、幼児教育から大学院まで、資格試験、さらには生涯教育などすべての教育についてビジネス機会がある。

⑤　情報家電関連ビジネス

家庭でのインターネット利用は、ＰＣから家電へと拡がってゆく。そこでは以下の如き新しいサービスの需要が生じてくる。

Ａ　家屋全体の安全管理

第一は、セコムが行っているような家屋全体の安全を監視するサービスであり、例えば煙熱など各種のセンサーが必要になる。

Ｂ　サービス機能の付加

第二は、家電製品がもつ本来的な機能に、新しいインターネットによるサービス機能を付加するビジネスである。例えば不足した食品があると自動的に発注する冷蔵庫や人の安否を教えてくれる電気ポットなどである。

Ｃ　番組のオンデマンド提供

第三は、テレビやラジオで観たい、聴きたいとき、観たい、聴きたい内容《コンテンツ》を、ユーザー側のニーズによりいつでも提供できるサービスである。

Ｄ　健康管理その他各種情報提供

第四は、住む人の健康状態を監視したり、その他、ユーザーのニーズに応じた各種のサービスを提供するビジネスである。家庭内インターネットの主役はテレビであるが、そこでは、オンデマンド型の番組提供と視聴者参加型番組が増加し、テレビを観ながらいろいろな必要情報を得られるようになる。

たとえば、テレビで献立を教えてもらい自動的に調整するレンジが生まれ、無数の刺繍データをもつミシンができるかもしれない。

いずれにせよ、家電はサービス情報機器なのである。以下には、家電がインターネットに接続されると、いかなる新しい機能を発揮することができるのか、その可能性を探ってみた。

第一は、インターネットテレビである。テレビは先に述べたこと以外にも、ウェブアクセスや電子メールの送受信が可能となり、双方向で番組の進行そのものを制御できるようになる。最終的にはテレビとＰＣは一体化するのではないか。

第二は、インターネットオーディオであり、オンデマンドの音楽配信が日常化する。

第三は、インターネット冷蔵庫であるが、そこでは①在庫品の管理《ストックコントロール》、②材料に応じたメニューの提示、③不足品の自動発注などが行われる。

第四は、インターネットレンジであるが、そこでは①料理のレシピを提示したり、②調理時間などの自動設定が行われる。

第五は、インターネット炊飯器であるが、①種々のご飯料理を提示してくれ、②炊き方の自動設定もしてくれる。

第六は、インターネットポットであるが、電源のオン・オフでユーザーの安否を知らせる機能《はたらき》をする。

第七は、インターネットエアコンや風呂であるが、出先から、帰宅前に室温を調整したり、風呂の湯を自動的に温めるなどをする。

ここにも、無限に近い商品開発領域がある。

以上には、五つのニュービジネスについて述べてきたが、その他にも可能性は無限にある。そこで以下には、紙面の都合上、タイトルとごく簡単な説明にとどめたい。

⑥　ウェアラブル化で生じるビジネス

身につけられるウェアラブル・コンピュータの研究から生ずるビジネスであり、たとえば、ヘッドホンステレオ、携帯電話、腕時計、カメラ、メガネなどのコンピュータ化事業である。

⑦　サイバー都市の構築を支援するニュービジネス

バーチャル世界での活動をよりしやすくするための仕組みを提供するビジネスである。

⑧　バーチャル・コミュニティ支援ビジネス

これには、「番地」によるコミュニティのナビゲーションを提供するサービスやリアルにコミュニティを創り出すサービスがある。

⑨　サイバー都市空間を支援するビジネス

これには、個人情報のオーガナイズサービスや情報のコーディネーションサービスなどがある。

⑩　ウェブ情報効率活用支援ビジネス

これには、たとえばウェブサイトの商品配列を整えたり、ウェブの視聴率を把握・改善するサービスなどがある。

⑪　ユーザー保護支援サービスのビジネス

これには、たとえばウェブサイトが収集した個人情報の不正使用等を調査するビジネスや商品・サービスなどの評価・格付けビジネスなどがある。

⑫　ネット業務代行ビジネス

ネット作業の一部またはすべてを受託するビジネスである。

以上には十二のニュービジネス分野につき一瞥してきたが、これらは、ほんの一部であり、インターネットまわりには、無限のビジネスチャンスが存在している。惜しむらくは、無限の仕事がありながら、人材が追いつかないことである。

ニュービジネス発掘の方法は、これまでに述べてきたインターネットの本質や特性、現状や未来予測、さらには目的と手段などから発想することである。溢れるほどのアイデアが湧いてくる。

8　インターネット・ビジネス成功への課題

急拡大を続けるECを成功させるためには解決すべき課題も多い。

第一は、既存チャネルとの利害調整である。EC取引はいわゆる〝中抜き現象〟をもたらす場合が多い。十分な調整が必要である。

第二は、ネット利用料金の引き下げである。たとえばニューヨークに比べても大幅に高い。

第三は、多様な決済手段の整備である。現状では、代金引き換えサービス、コンビニ店の活用、登録番号、電子認証制度や暗号化……などが試行錯誤的に行われている。

第四は、ベンチャー企業の資金確保問題である。ECなどITに係わるビジネスでは既存の伝統的大企業よりも、情報感覚とベンチャースピリットに富んだ〝個人的な能力と意欲〟の方に熱い期待が寄せられている。

だが、往々にして彼らには資金がない。当然に担保もない。米国のようなベンチャー・キャピタルやエンジェルもわが国には発達していない。ある程度の形になれば、マザーズやナスダックへの上場も可能性はなくもないが、問題はそのレベルまでに到るまでの資金の調達である。

第五は、ベンチャーなど創成期における企業の育成である。〝知的専門家〟が不足しているのだ。例えば、創業間もない企業を専門にする弁護士、公認会計士、弁理士、コンサルタントなどの不足である。

第六は、消費者保護への迅速な対応である。個人情報の漏洩と悪用、悪質な個人や企業による詐欺まがいの行為を撲滅することである。インターネットは新しいビジネスの機会と仕組みを生み出すと同時に、新たな不正行為の温床となる可能性もある。

苦情を受け付け迅速に解決する公的機関の設置が望まれる。しかも、ECにおける消費者保護は世界を視野に入れなければならない。情報、商品・サービス、企業の信頼性等々各種項目についての評価・格付も必要になる。

第七は、手段が目的化されていることだ。情報システムは企業にとっての目的ではなく、あくまで手段・ツールでしかないのである。しかし、多くの人たちは情報システムをつくること、動かすこと、PCを使うこと、そのこと自体を目的にしている人が多い。酷いのになると、一日中ゲームで遊んでいる族《やから》がいる。

第八は、情報システム化・機器の導入など盛んに行われてはいるが、企業トータルとしての真の損益はどうか、という検討がなされていないことである。流行《ファッション》として、他社《よそ》がやるから自社《うち》もやるといった企業がほとんどなのである。ECでの旗頭であるアマゾン・ドット・コムは黒字化しないまま、リストラ策を発表した。

第九は、情報システムはもはや、ビジネスを支援する単なる〝道具〟ではなく、企業がビジネスを行う〝場〟へと進化しつつあることの認識が欠けていることである。

最後は、インターネット革命は、〝革命〟であることをすべての人が真に認識することである。

9　解決策

それでは、以上のごとき課題に対していかに対応すべきであろうか。まずはその大前提としてトップから最末端までの全従業員が、「自らを、自らの仕事を、さらに企業を、自らが変革・革新してゆくのが当然である」との認識をもつことである。革新が常、平穏が異常の発想だ。そこでテコの役割を果たすがＩＴなのである。

それでは以下に、激変するビジネス環境に対していかなる情報システムを整備すべきかについて概観してみたい。以下には、対顧客系、対取引先系、社内系の三つに分けて述べてゆくが、それら三つに共通するシステム要件がある。本物の顧客志向、透明性、変化の捕捉、柔軟性、知《ナレッジ》の共有、実践の六つである。

(1)　対顧客系システム―あらゆる顧客情報の収集

まずは顧客志向をさらに推し進め、「顧客にとって心地いい」状況を生み出すＣＲＭ（顧客関係管理）システムを整備する。並行して、価格競争力を高め、最適なタイミングで製品を供給するためのサプライチェーン管理（ＳＣＭ）を完成させる。これが大筋であるが、これらを「心地いい」システムとするためには、以下の要件を満足させなければならない。

第一は、三六五日、二十四時間、顧客に対応できることである。顧客からの商品・サービスの受注、クレームなどの受け付けなどである。

第二は、多様な販売チャネルの長所と短所を把握し、相互補完するように融合させることだ。いい換えれば、顧客との接点となる販売チャネルを、できるだけ多くもつことだ。

第三は、優良顧客により良いサービスを提供し、新規顧客を掘り起こすため、顧客一人ひとりの情報を詳細に収集・蓄積・分析することだ。もちろん、定性情報も収集、蓄積するのである。

第四は、顧客に安心感をもってもらうためできるだけ多種多様な情報を提供することである。隠し事をしたり、顧客を囲い込もうとする企業は敬遠される。

さて、さきに述べた一、二、三の要件を満たす次世代の対顧客系システムが、「顧客情報統合管理データベース」だ。それをひとくちにいえば、顧客に関する定性、定量のあらゆる情報を統合管理し、新規顧客の発掘その他多目的に活用するシステムである。今後の対顧客系システムに求められる要件は、何よりも顧客一人ひとりを深く理解することであるが、それが充分可能なシステムなのである。

以上は、一から三の必須要件、言い換えれば最低限のことでしかない。変化の時代にはさらなる知恵がいる。その知恵とは、「対顧客系システムの枠を企業間にまで拡大する」ことである。たとえば、旅行会社と航空会社など複数の企業が顧客データベースを共有するなどである。

さらに業種や業態によっては、ウェブサイトなどを駆使してワンストップ・サービスを提供するサービスも生まれてくるだろう。

(2)　対取引先系システム―さまざまなパートナー企業との情報共有

顧客に対し、低コストで、タイムリーに、確実に、商品やサービスを提供するためには、対顧客系システムを強化するだけでは不十分であり、企業は今以上に取引先との関係を強固なものにし、より速く、より安価な調達を実践しなければならない。

そこで重要になるのが、対取引先系システムである。このシステムに求められる要件は大別すると、以下の四つである。

第一は、社内のサプライチェーン管理（ＳＣＭ）システムを整備すること。

第二は、社内ＳＣＭシステムを基盤として、グループ企業やパートナー企業にまで情報共有の枠を広げること。

第三は、既存のパートナー企業以外とも、インターネット・ベースで随時商談を始められること。

第四は、他社との接続を容易にするために、システムのインターフェースを標準化したり標準的な接続サービスを利用したりすることである。

要は、互いに自社が保有する情報を公開して、情報共有の環を広げ、それぞれがメリットを享受し、Ｗｉｎ-Ｗｉｎの関係を築くことである。そのためには各企業が二十四時間三六五日体制で情報を入力・参照する仕組みを構築し、情報の環が分断しないようにする。顧客からみると、あたかも一つの企業である「バーチャル・コーポレーション」のように振る舞う。

世界中から優れた取引先を探し出すシステムの好例がＧＥのＴＰＮだ。ＴＰＮは購買・調達に関する商談をインターネットを介して同時に複数の企業と行えるようにしたものだ。ＴＰＮは「一対多」の取引を実現するものだが、一、二年後には「多対多」、つまり複数の調達側企業と供給側企業が仲介業者を介して、自在に取引関係を結ぶような企業間取引も出現しそうだ。

(3)　社内系システム－マネジメント、業務のスピードアップ

二十一世紀は、スピードと情報活用能力の優劣で勝負が決まる。そのためには、まず社内系システムが必要要件を満たしていることが前提である。では社内系システムに求められる要件とは何か。それこそはマネジメントと業務のスピードアップと、環境変化への素早い対応の二つである。さらにこの二つを実現するためには次の三要件が必要となる。

第一は、ビジネス環境の変化や社内外のあらゆる活動を素早く捉える仕組み作りである。

第二は、ビジネスの変化を担当者に素早く伝えるアラート機能を整備することである。

第三は、ナレッジの品質向上と再利用を促す仕組み作りをすることである。

これらには、センサーとして会計システムを利用したり、ＩＴを使って経営指標の動きを常時監視させる方法がある。

マネジメントや業務のスピードアップには、社内外で起こる事象をタイムリーに捕捉し、それを再

利用しやすいように分析・加工し、経営トップから現場の担当者に至るまで素早く供給できる仕組みが必要になる。

変化を見つけ出して関係者に伝える仕掛けとして、最近注目を集め始めたのが「マネジメント・コクピット」である。複数のディスプレイに社内外のビジネスの状況を直感的につかめる計器（各種の経営指標を表示したグラフなど）をずらりと表示し、まるでジェット機のコクピットに座っているかのように、企業を操縦できるようにするコンセプトだ。

マネジメントや業務の質とスピードを向上させるには、ナレッジ・マネジメントを一層進化させることも重要だ。ナレッジ・マネジメントは、二十一世紀の情報システムでもっとも重要なテーマの一つであり、情報を本当の意味で生かすにはナレッジが不可欠だからである。

ナレッジ・マネジメントの成否を決めるのは、ナレッジ・マネージャーに人を得ることができるかどうかにかかっている。

10　インターネット・ビジネスの成功原則

それでは次に、インターネット・ビジネスを成功に導くための原則について述べておく。

第一は、真の、本物の顧客本位に徹することである。従来の如き、見せかけ、だまし、供給側の論理では完全にボイコットされる。

第二は、情報内容《コンテンツ》の高質化である。頼れるのは情報のみであるから至極当然である。

第三は、個客として対応することである。マスではなく、あくまでも〝個〟なのだ。

第四は、イメージを向上させることである。ネット社会は仮想世界であり、リアルな物《ブツ》はない。したがって、意志決定はイメージに左右される。

第五は、信頼性を確立することである。物《ブツ》のない世界では信頼こそがすべてである。その評判は、良悪共に一瞬にして世界を駆け巡る。

第六、危機管理の徹底である。サイバー空間での情報はどこまでも飛翔する。歯止めがない。そこには限りなき危険が待っている。

第七は、双方向性《インタラクション》の拡大である。ＢtoＢ、ＢtoＣのいずれをとわず、双方の関係性を深めるためには双方向性の強化・拡大が必須である。その進歩を可能にするのがバーチャル・コーポレーションである。

第八は、情報結合の推進である。バーチャル・コーポレーションの構築が進んでくると、次はオンライン企業同士による情報結合である。

第九は、ウェブマスターの育成である。彼の仕事は、サイトの維持管理、電子メールのトラフィック、新技術のテストなどである。

第十は、ウェブコミュニティの構築である。

ネットビジネスにおける顧客との接点はコミュニティという形態にまで高めることが必要だ。現在ではワントゥワン・コミュニティという段階まで進んでいる。コミュニティの基本的要素は双方向性《インタラクション》であり、それは四つの欲求を満たすために行われる。その四つとは、①興味、②リレーションシップ、③ファンタジー、④取引、である。

これら四つの要素によって、ウェブコミュニティのビジネスモデルが構築される。

11　インターネット革命時代の経営

インターネットの普及は、経営のあり方にも多大のインパクトを与えている。以下には、インターネットが経営に与えている影響と経営のあり方（成功条件）についてみておきたい。

(1)　経営の現状

インターネット普及の影響は第一に、組織面を直撃している。そこでは、組織の柔軟性や意思決定の迅速性を狙った組織改革が急務である。例えばソフトバンクでは、昨年、純粋持ち株会社制に移行し、「ウェブ型組織」とした。

ウェブ型組織は、わずか五人の純粋持ち株会社の下に、金融やＥＣなどを担当する金額出資の子会社を置き、関連会社を分野別に統括する。

第二の直撃対象は、系列に対するものである。デジタルネットワークは、「系列」に代表される企業間の取引関係を破壊している。

ネットを存分に活用して、世界最適調達に向う企業が続出している。その先べんをつけたのが米のGE社である。

第三の直撃は、勤務場所に対してである。その一つは、SOHOの拡大・促進であり、その二つは、消費者一人ひとりと結ぶダイレクトマーケティングである。

(2) インターネット時代における経営の成功条件

それでは最後に、インターネット時代における経営の成功条件について述べておきたい。

第一は、人材の確保である。高度のITと判断力を身につけ、物事を時空と水準《レベル》（質）の中に正しく位置づけられる人材が必要である。

第二は、個人の能力を極限まで発揮させることである。物造り時代は組織や設備が金を稼いでくれたが、今、金を稼ぐのは、生身の個人の知恵と意欲である。個人の脳力は全くの未開発状態であることからそこには無限の可能性がある。

第三は、経営スタイルをスピードと先手必勝に切り換えることである。IT革命、デジタルエコノミー革命の時代は一寸先が闇であり、何が起こるかわからない。かかる時代には、よいと思うことは大怪我をしない程度に、真先にやってみることだ。やりながら反応をみて、軌道修正すればよい。

第四は、外部資源の有効活用である。激変の時代には、身軽さと柔軟性が必須である。それゆえ、得意分野に資源を集中し、大胆に外部資源を活用してゆく。提携やアウトソーシングなどにネットを積極的に活用してゆくのだ。

第五は、人間の本質を忘れないことである。いかにＩＴが発達しても、いや発達すればするほど人間の本質である〝人間同士の温もり〟が求められるようになる。

第六は、トップの強力なリーダーシップである。闇と激動の中にあっては、適正な判断に基づく迅速かつ強力なトップダウンのリーダーシップが必要である。そのためにも、ＩＴやインターネットについての猛勉は必須である。

第七は、危機管理の徹底である。ＩＴと危機とは裏腹の関係にある。危機管理を誤ればその企業は一瞬にして姿を消すことになる。

最後は、仕事・経営の原点に立ち戻ることである。

コンピュータそのもの、インターネットそれ自身は、その機能、影響力がいかに大きかろうと、仕事や経営にとっては単なる道具《ツール》にしかすぎない。いわば算盤《ソロバン》が化物《ばけもの》化したようなものである。

しかるに、人びとは、その化物に恐れ戦《おのの》き、怯《おび》え、振り回されている。ある者は流行に遅れるものかと、全く何も考えないで飛びつくのである。コンピュータやネットを真の意味で価値ある使い方をしている人はどのくらいいるであろうか？

いかに性能のよいツールが出てこようとも、仕事や経営そのものの本質や心にはいささかの違いもない。その本質・心とは、環境や顧客が求める価値を実現するため最効率に機能《はたら》くことである。そのためには、その機能を目的手段で体系化することが必要である。化物のツールはその手段の一つの道具でしかないのである。しかし、手段が目的にすりかわっているのが現状である。

八　危機管理

第八では、経営領域の安全性分野より、「無防備から危機管理へ」をご紹介する。

概要

経済のグローバル化、高度情報通信革命、世界大競争、倫理観の欠如、訴訟合戦、超高速変化……等々、経営や仕事、日常生活には夥しい危険・危機がてぐすねひいて待ち受け、少しでも油断すれば、猛然と容赦なく襲いかかってくる。リスク管理に失敗すれば、莫大な金銭的な損失のみならず信頼の失墜をきたし遂には倒産に至ることさえある。

リスク管理こそは、経営レベル、日常業務レベル、さらには生活レベルにおいての最重要課題なのである。その背景には、規制緩和やグローバリゼーションの進展による、市場経済化、市場原理の拡大がある。自由には責任と危険が隣合せなのである。機会《チャンス》は拡がった。しかし、リスクもまた拡大してきたのである。

危機の存在領域

それでは、リスクはいかなる分野に存在するのだろうか。四つの項目に絞って述べる。

第一は、経営者、社員を含めた従業員の不正や犯罪である。ここ数年間に世上を騒がせたものだけを拾っただけでも数百がある。この領域は社会や企業など全体としてのモラルや倫理の欠如、コンピュータなどブラックボックス業務の急増、ノルマなど外圧等々により、急増する可能性が高い。マスコミで報道されるのは、文字通り氷山の一角であり、その背後には、社内で内々《ないない》に処理されている夥《おびただ》しい数の不正や犯罪がある。さらに問題なのは、社内においても、表面化しないで見過ごされるものである。それらは一触即発のダイナマイトなのである。

第二は、訴訟《コートケース》である。経済のグローバル化などにより、訴訟大国である米国などからいつ何どき、訴訟を起こされるかもしれない。

訴訟の領域には、たとえば以下がある。

一つは、製造物責任の領域である。消費者保護法として九五年七月から施行された製造物責任法（PL法）による訴訟が増えている。

これまでに消費者が勝訴したケースには、たとえば、冷凍庫火災事件（東京地裁）やマクドナルドのオレンジジュース事件（名古屋地裁）などがある。

わが国ではまだ訴訟件数は少なく、また勝訴の場合の賠償額も多くはないが、消費者保護という大きな流れの中で着実に増加していくと思われる。また米国などに輸出している企業にとっては、ＰＬ訴訟は頻度、金額において多大であることから特に留意すべきである。

二つは、知的財産権分野である。米国ではこれまで特許になじまないとされてきた「ビジネス・モデル」といった抽象的な概念にも特許を認め始めた。あたり前と思えるサービスや経営手法でも、出願済みであれば巨額の使用料を請求されかねない。これは米国発の新たな脅威である。

これまでの特許は、新しいモノや新技術があって初めて成立するのが基本だった。ところが、米国では二年ほど前から、まったく新しい形態の特許を次々と認めるようになってきた。「ビジネスモデル特許」と呼ばれるのがそれである。

この新しい特許がカバーするのは、ビジネスを進めるうえでのさまざまな方法や儲けるための仕組み・サービスなど、該当する分野は多岐にわたる。これまであたり前と思われていたアイデアでも何らかの独自性があれば、対象になる。

インターネット・ビジネスの新サービスでは、すでに米国で新型特許が広く出始めている。その代表例が米ネット関連企業、プライスライン・ドット・コムがネット上で商取引に採用している「逆オークション」である。基本的な仕組みに関する特許は、同社の親会社であるウォーカー・デジタルが九八年八月に取得した。

このネット取引サービスは航空券やホテルなどを予約・販売するシステム。通常のオークションでは売り手側が条件を提示するのに対し、逆オークションでは買い手側が買い入れ条件を提示できる点が新しい。

ビジネスモデル特許が急増するもう一つの分野が、金融取引である。米国では「ハブ・アンド・スポーク」方式と呼ばれる特許が認められている。それは複数の投資信託資金をいわば単一の財布で管理する手法である。

今のところライセンス料の請求といった実害は表面化していないが、将来、ネットビジネスなどの先端分野では、巨額のライセンス料の支払いを求められる懸念は大である。

第三は、戦略リスクである。現今のごとく、激変・激動する経営環境の中にあっては、戦略リスクを常に意識しておくことが必要である。すなわち、経営者が戦略を立案し実行したが、その戦略が所期の目的を達しない場合、撤退の判断を誤ると多大な損失と膨大な経営資源を浪費してしまうのである。しかも最近における金融商品やＩＴの急進展を勘案すると戦略リスクは一段と増大している。

戦略リスクは、過去に余り例がなかったため、忘れがちになるが、経営に与える衝撃度には、量り知れないものがある。特に心すべきである。

第四は、見えざる世界、すなわち、ブラックボックスから生じる危機である。技術革新の進展と倫理感の欠如などから、このリスクは急速な広がりをみせている。

二十世紀の技術文明は、道具や製品の徹底したブラックボックス化と、その操作や使用法のマニュアル化を最大の特徴とする。中身を知らなくとも安全に使えるというのである。しかし、地震や事故で相次いで明らかになった建設技術や二〇〇〇年問題でクローズアップされたＩＴ技術の中身は、身震いするほど恐いものであった。

阪神大震災で倒壊した高速道路、トンネルや高架橋での崩落が心配される山陽新幹線。そして築後二、三十年を経てコンクリートの崩落が始まったマンション群、東海村など各地で起きる原子関連の事故等々である。

外壁はきれいに仕上げされ、内装ができあがれば、構築物の内部は全くわからない。

建設分野は業界内での相互依存関係が強いという体質がブラックボックスを形成してきた。強度基準・耐震基準も、材料の規格や工法を示す「仕様」を定めることで、強度を担保する仕組みだが、ここが手抜きの温床になっている。

仕様ではなく、具体的な強度や機能を基準にすれば、そうした曖昧さは消える。

しかし、いずれにせよ、世の中の流れが、情報公開に基づく「透明性」の確保というパラダイムに向かっているとき現状を放置しておくわけにはいかない。

そのためには、政府、企業、消費者の三つが一丸となってブラックボックスを減らすための努力をするべきである。政府は現実的で具体的な基準をつくり、開発者側、企業側は使い方だけではなくその中身をわかりやすくしっかりと説明し、消費者や社会人は中味にも興味、関心を高め、その真摯な理解に努めるのである。

ブラックボックスを放置したことにより、事故や災害が起これば、社会も、政府も、企業も、そして消費者も多大の被害を被るのである。

訴訟の領域

訴訟の領域についても注意が必要だ。先に述べたＰＬや特許についても訴訟にまで進むことは多いが、ここでは、それらを含めての広義の訴訟である。

九九年九月、東芝はパソコンの「欠陥」を巡る米国での訴訟で和解し、損失が約千百億円になった。争点はフロッピーディスクの「欠陥」。武田薬品はビタミンのカルテルに加担し、米政府への罰金などで約二百億円の特別損失を計上した。

一年半前、州政府がたばこの健康被害で医療費負担が増えたとして大手メーカーを訴えていた事件で、二十兆円を超える和解が成立した。日本たばこ産業は被告ではなかったが、数億円を支払い、この史上最大級の和解に参加した。その後のたばこ訴訟に巻き込まれないための担保である。

九九年九月、三菱商事も約四千万円の和解金を支払った。「他の輸入業者と共謀、サケの輸入価格を買いたたいた」とアラスカ漁民から訴えられていたためだが、弁護士費用はなんと約一億円もかかった。

米国では、百億円を超える弁護士費用がかかる訴訟はざらだ。司法省と紛争中のマイクロソフトは、弁護士事務所に十億ドル以上支払うことになるだろう、といわれている。

ある調査によると、米主要企業の年間平均弁護士費用は二千六百万ドル（約二十八億円）。そのほかに社内弁護士を百—二百人抱えているといわれている。そうした莫大な司法コストを負って米企業は鍛えられ、株主の期待にも応えている。日本の大企業が支払う弁護士費用は米の約三十分の一程度である。日本企業は司法コストの最小化で有利に競争できたのだ。

米国型の訴訟社会は極端な例としても日本でも司法による紛争解決はいや応なく増えている。日本企業も、事業リスクの回避に必要なコストを負わなければ勝ち抜けなくなる。

粉飾見逃しの中央監査法人に対して山一證券の破産管財人団が東京地裁に損害賠償訴訟を起こすなど、広い範囲に訴訟が広がっている。

活用、対応策

当然、日本企業の対応は急務だ。基本的には、先回り発想で、特許になる可能性が少しでもあれば出願しておくという積極性が必要だ。また、特許戦略の見直しも必要である。ソニーは九九年夏、社内のイントラネット上で、全社員がビジネスモデル特許の事例を閲覧できるようにした。

実は、新型特許の増加は米国だけの現象ではない。国内でも、一、二年前から出願の動きが出ているのだ。

いずれにせよ、新型特許という米国生まれの新たな危機に対しては早急なる対策をたてなければならない。

しかし、関係者の広がりとその影響の大きさで即刻の対応が必要なのが、ＩＴ関係である。ユーザーにとって目にみえるのは、画面だけである。プロセスは闇の中なのである。

組織的には、副社長クラスの危機管理専任の役員を置くべきである。もちろん、スタッフも充実させるのである。全社的には寸分の隙間もみせない鉄壁の企業文化を確立することが急務である。

九　ストックオプション

第九は、経営領域のモチベーション分野から選定したストックオプションである。

意味、狙い

ストックオプションとは、理論的には、現金が潤沢でないが、将来大きな成果が期待される企業が、その要《かなめ》となる役員・社員に与えるインセンティブであり、その方法は、将来一定の価格で自社株を購入できる権利を与えるものである。権利行使価格は付与時の価格とほぼ同じに設定される場合が多く、付与時から一定の年数を経過した時点で権利が発生する。権利行使時に株価が上がっていれば、行使価格（購入価格）と市場価格との差が利益となる。

九七年の商法改正で成立した日本の制度では、会社が発行済み株式を市場から買い戻して権利行使に備える「自己株方式」と、権利行使に合わせて新株を発行する「新株方式」がある。

その狙いは、意欲高揚による業績向上が基本であるが、新設企業や創業間もない企業が人材を確保するためにも多大の効果がある。役員や社員にオーナー意識をもたせて業績を向上させるひとつの仕掛けなのである。

背景

では、次になぜ今、ストックオプション制度が法律上も認められ、企業もこぞって導入を始めたのか、その背景を覗いてみよう。

結論的にいえば、未曾有の厳しい経営環境のなかにあって、業績を向上させ、企業価値を高めてゆくためには、最後の経営資源である役員、管理者、社員の本気、本物の意欲、能力の発揮に期待するしかない、からである。

厳しい環境について項目だけをいくつかあげてみると、たとえば、①キャッシュフローの開示義務、②株式持ち合い解消による機関投資家や外国人株主の増加、③年金積み立て不足の公表、④地球規模でのM&A……等々である。

要は、社長、役員、管理者などリーダーにはベンチャー企業の創業者の如き頑張りが必要とされており、その頑張りを動機づけ、駆動させる仕組み、仕掛けがストックオプションなのである。

では、ライフサイクル上の位置はどのあたりか?

ライフサイクル上の位置は、成長期といえる。しかし、真の意味で成熟期を迎えられるか否かは不明である。理由には二つあり、一つは、わが国企業の御家芸である、本質を全く考えないで横並び、流行として導入する企業が多いことから期待する結果が得られないことであり、二つは、差額利益に所得税が課せられるなど制度上の不備が存することである。

現状

各企業の導入状態をひとくちで表現すると、続々と流行の如くに導入しているといえる。ちなみに、昨九九年に導入した、主要企業は下記のとおりである。

さくら銀行　トヨタ、住銀、三和銀、松下、日興、横浜銀、コマツ、帝人、古河電気、ニチメン、信越化学、千代田火災、大正製薬、オムロン、トステム、京セラ、セガ……等々である。

権利を付与する企業側も与えられる側も、彼らの多くは、創業者精神をもって頑張るという気持ちは全くなく、単に、特別賞与の可能性が増えたぐらいの感覚しかないのである。

影響、効果

今のままゆけば、大きな流れにはならないであろう。残るとすれば、三つの方向であろう。一つは本来の目的である創業者精神が期待される方向での活用であり、二つは創業時あるいは創業後における人材確保目的であり、最後は現在、既存の大企業が行っている、第二のボーナスとしての効果を狙うものである。

いずれにしてもその本質を理解し、正しく活用してゆけばその効果には絶大なものがある。

導入企業での顕著な影響はみられないが、たとえばヤフーのように多大の利益を得る者が出ているところでは、やっかみやねたみが生じているようである。

活用法―導入成功法

本制度の真の狙いを達成し、その効果を現実のものたらしめるためには以下がある。

一つは、役員報酬体系の内で、固定給である月給の割合を減じ、賞与部分とストックオプション部分を大幅に増やす、ことである。

二つは、社長や役員の報酬を業績に連動させることである。「寄らば大樹の陰」的な意識を改革し、己の働きと業績との因果関係を知悉せしめるのである。

三つは、社員や株主の意識改革である。社長や役員が、長期的にみて業績を上げることに貢献した場合は、多額の報酬を受け取ることを当然だととらえるようにもってゆくのである。

以上には、個別企業内の対応策について述べたが、以下には法制度を中心にわが国独特の問題点につきまとめておきたい。

第一は、商法上、発行限度枠が発行済み株式数の十%に制限されていることである。米国では画一的な上限はなく、多くの企業が毎年一定規模のストックオプションを発行している。

第二は、対象者が本社の役員や従業員に限られ、子会社の役員などが外されていることである。シリコンバレーでは、人材や資金不足に悩むベンチャー企業はコンサルト料や弁護士料に至るまでストックオプションで支払い、現金支出を極力抑えている。

第三は、優遇税制を受ける場合、ストックオプションの行使で取得する自己株式の上限が一人当たりで年間一千万円になっていることである。これではオーナー意識は芽生え難い。

第四は、やる気を高めるために、優遇税制の枠を超えて多額のストックオプションを付与すると、利益の大半を税金で取られることである。

第五は、役員向けストックオプションに関する情報開示義務が弱いことである。役員の業績評価や支給額の算定根拠の説明がないままでは、大量に付与した場合に株主から追及される恐れがある。米国では社外取締役で構成する「報酬委員会」が株主総会前に詳細な報告をまとめる。

第六は、権利行使機関が四年以内などと短いことである。米国では一般的な期間は一年であり、最低五年間使用しなければ権利が発生しない。「長きインセンティブ報酬」と呼ばれ、「長期に株主価値を高める経営」の実現を狙いにしている。

以上には法律上、制度上の問題点につきいくつか述べたが、その他にも数多くの問題点がある。たとえば、評価の不公平や嫉妬心などから人間関係にヒビが入り、また、大金をつかむことによって意欲を喪失し、さらには役員などが目先の株価つり上げに走るなどである。

ストックオプションには、一見して諸刃の剣といったところがある。しかし、マイナス面を極力少なくし、プラス面を極大化してゆけば、狙い通りの効果を出すことが可能である。

流行に流されないで、自社に合った方法で真剣に取り組むことが大切なのである。

十　成果主義

第十は、経営領域の制度・慣行分野から「年功主義から成果主義へ」である。

意味

年功主義と成果主義の違いは能力評価方法における違いにある。年功主義は年齢や勤続年数が完全ではないにせよ、能力を測る最も正確な指標だったことを意味していた時代の言葉である。勤続年数を重ね、経験を積むにつれて熟練度が増し能力が高まっていったのである。高度成長期に確立された年功重視の考え方は、希少な熟練労働者の職場への定着を促すために生み出された。

年功主義は技術発展に対応し続ける労働者の能力や努力を評価するメカニズムとして職場に浸透した。

これに対し、成果主義の流行は、必要能力が変化するなかで年齢や勤続年数が十分な能力尺度にならなくなったことを意味する。

年功主義は長期的な能力重視の考え方を象徴しているが、成果主義は短期的な能力を強調する。その意味では両者共に「能力主義」なのである。

では、両者の考え方の根本的な違いはどこにあるのか。年功主義における能力とは企業内部だけで潜在的に評価が流通する点が特徴である。これに対し、成果主義の能力は、評価がもっと顕在的で企業を超えて流通するという期待が込められている。こう考えると、成果主義とは能力そのものの評価のあり方を変更する動きとしてとらえておくことが必要である。

では一体、成果主義で労働市場の何がかわろうとしているのか。

現状

成果主義には、成果を発揮した人とそうでない人との間で処遇に格差がつくという意味が込められている。ではその実態やいかに。

調査の結果、賃金格差の拡大を認めることのできるのは、大卒中高年層であり、若年、老年、高卒、女性などには格差の拡大傾向は認められない。成果主義がすぐに格差拡大に結びつくとの見方は、いまだ実現されていない。その意味では、成果主義に対して社会全体が過度の警戒心や期待を抱かず、中高年大卒の一部を刺激するための新たなインセンティブシステムとして冷静に受け止めることもできるのではないか。しかし、経営方式の多くが米国方式をグローバルスタンダード化しつつある現今においては、わが国でも、格差は徐々に拡大する方向に進むことは確かである。

次は、成果主義による雇用不安についてみよう。先に中高年大卒男性の賃金格差が拡大している事実を述べたが、雇用の方はどうか。結論的にいえば他の層に比べると非常に少なく、余り流動化していないのである。

成果主義の導入を巡っては、経済構造が急速に変化する中で早急な制度上の変革が必要だとする意見と、拙速な変更はこれまで培ってきた労使関係や能力開発システムを損なうとする意見が併存する。

この問題は、人が組織の中で十分な成果をあげるにはいかなる条件や環境が必要なのかといった原点から論ずべきであり、何何主義、何何手法といった作為的、便宜的な言葉にとらわれるべきものではない。

活用法

では、全従業員が己にかかる総コストの三倍以上の成果を常に出せる条件とは何か。

一つは、期待される成果が出せるに足る大きさの仕事内容の明確化である。二千万円の労務コストをかけている社員にそれを全うしても二百万円の価値しかない仕事をさせている例は数限りなく存在している。

二つは、権限と責任の付与である。

三つは、客観的な評価基準の設定と公正な運用である。

この三条件が整えば、成果主義であろうと○○主義であろうと、なんでもよい。逆にこの三条件が揃わなければ、期待される成果は出てこない。以上を仕組みにしたものが、「一人会社制」である。わが国で最も悪いのが、内容や本質を全く理解せず、すぐに流行に乗ってしまうことである。

成果主義とは、短期的・顕在的な能力主義であり、年功主義は本来、長期的・潜在的な能力主義から派生した。

しかし、現実の世界において、両者は決して矛盾するものではない。立派に統合できるのである。短期で成果をあげるためには、長期的な視点でコツコツと能力と意欲を開発しておかなければならない。意欲や能力を抜きにして成果ばかり論じてもまったく意味がない。長期的視点で意欲・能力を開発・育成・錬磨し、それを短期間に発揮させるのが成果主義なのである。

また、逆に長期・潜在的にといっても、長期的に成果を極大化するためには、短期区切りごとの成果を確実にあげてゆくことが絶対条件なのである。

要は、短期の成果を求めれば求めるほど、長期を重視し、長期の成果を求めれば求めるほど短期を重視することが必要になるのである。

ここで成果主義と年功主義は完全に統合されるというわけである。

おわりに

長時間のおつきあいに感謝いたします。

読後感はいかがでしょうか。

本著を世に出した最大の狙いは、政治、経済、社会、経営……等々あらゆる領域における混迷と混乱、混沌と閉塞の状態から一刻も早く脱出し、青天井の新世界へ雄飛するための手法をご理解いただくことにあります。

そのためには、パラダイムという、物差し、切り軸を使って、それと現実世界とを対比的にみることによって、世界を正しく認識することから始めるのです。

この手法なら、使えるぞ！使って見るぞ！といった、感触が得られたでしょうか。

私はもう三十年もの間、パラダイム発想法を活用していますが、その威力には量り知れないものがあります。現状の認識という例をあげてみましょう。毎日、新聞やテレビその他で報じられる夥しい量の情報も、パラダイム・シフトとサイクルを頭に入れて見聞きしますと、その理解力は他の人たちに比べて、百倍以上にもなります。日経、朝日など専門紙・一般紙合わせて十紙に目を通しますが、それらの見出しにパラダイムを通してみますと、ほぼ十分から二十分で全体を漏無く理解できるというわけです。

次は、仕事のやり方や改善についてですが、これらについても、数多くのパラダイムをもっているため、それを人びとの現実のやり方と比較しますと、改善案は十分もみていれば、十個、二十個はたちどころに出てきます。

パラダイムには、元来が「あるべき姿」の機能をもっているからです。

手前味噌を申し上げましたが、本著をご活用いただき、いささかなりとも、生活、仕事、経営などをよりよくすることにお役に立ちますればこれに勝る喜びはありません。

この本そのものが、新《ニュー》パラダイムなのです。本の内容をパラダイムとしてご活用いただけると幸いです。

二〇〇〇年　九月

著　者

著者紹介

村上　哲大（むらかみ　てつひろ）

昭和37年、立命館大学法学部卒業。同年、東洋工業（現マツダ）入社。部長・子会社役員を経て、平成5年4月より土佐女子短期大学へ転出。学生部長を経て現在は秘書科学科長。専門は秘書学、経営学、ビジネス実務学、創造性開発等々。

主な著書に、『仕事学原論』（渓水社）、『目的発想法』『秘書理論』『ビジネス発想の方法技術』『一人会社制』（以上都市文化社）、『形から入って心をつくれ』『形から入って技と心を磨け』（以上日本教文社）など多数がある。また能力開発や経営戦略…等々幅広い分野において講演やコンサルティング活動を行っている。

検印省略

仕事と経営の極意
——パラダイム発想法

二〇〇〇年九月三〇日　第一版第一刷発行

著者　村上　哲大 ©

発行所　株式会社　学文社

代表者　田中千津子

東京都目黒区下目黒三−六−一
（〒一五三−〇〇六四）
電話　〇三（三七一五）一五〇一
FAX　〇三（三七一五）二〇一二
振替　〇〇一三〇−九−九八八四二
http://www.gakubunsha.com

落丁・乱丁の場合は本社でお取替します。
定価はカバー・売上カードに表示。

印刷所・倉敷印刷

ISBN4-7620-0981-4